Dieses Taschenbuch enthält in spanisch-deutschem Paralleldruck eine Auswahl besonders reizvoller spanischer Märchen. Viele von ihnen haben, was den Stoff betrifft, Ähnlichkeiten mit Märchen anderer europäischer Nationen (so kommt etwa eine Art Aschenputtel vor, auch eine Art König Drosselbart). Aber in der Erzählweise unterscheiden sich die spanischen Märchen deutlich von den uns vertrauten, besonders denen der Brüder Grimm: Sie sind mehr drauflos-erzählt und weit weniger manierlich. Und das Kolorit ist vielfach recht exotisch. Das jahrhundertelange Neben-, Über-, Unter- und Durcheinander von Hispaniern, Sarazenen, Afrikanern, Juden und Zigeunern hat eine prächtige orientalische Märchen-Buntheit hervorgebracht.

dtv zweisprachig · Edition Langewiesche-Brandt

CUENTOS POPULARES ESPAÑOLES

SPANISCHE VOLKSMÄRCHEN

Herausgegeben und übersetzt von Lothar Gaertner

Mit Illustrationen von Frieda Wiegand

Deutscher Taschenbuch Verlag

Deutsche Erstausgabe
1. Auflage 1984. 7. Auflage Oktober 1994

Umschlagentwurf: Celestino Piatti
Gesamtherstellung: Kösel, Kempten
ISBN 3-423-09204-1. Printed in Germany

Die Sternchen nach einem Wort verweisen auf die Anmerkungen zum Text (Seite 118–120).

El conde Abel y la princesa

Graf Abel und die Prinzessin

Éstos eran un hijo de un conde, que se llamaba el Conde Abel, y una princesa, y los dos eran novios. Y una vez estaban comiendo y se le cayó al conde una guinda. Y decía: – ¿Recogeré o no esa guinda que se me ha caído? Si la recojo la princesa dirá que soy sucio y avariento. Y si no la recojo dirá que soy gastador. Y así lo estuvo pensando hasta que al fin dijo: – La voy a coger. Y la cogió del suelo y se la comió. Y por eso la novia ya no le quiso. Decía ella que no se casaba con un conde que recogía la comida que se la caía al suelo.

Y el probre conde se puso muy triste y ya no sabía qué hacer pa* que su princesa lo volviera a querer. Y por fin se decidió a irse de mendigo a la casa de la princesa. Y se vistió de mendigo y llevaba escondida una copa de oro, una sortija y un medallón. Y llegó al palacio pidiendo limosna. Y la princesa salió y le dió una limosna. Y entonces él la dijo: – Señora, ¿no tiene usté algo que yo pudiera hacer, algún trabajo? Y ella le dijo que no, que pa todos los quehaceres del palacio ya tenían criados. Y él la dijo que trabajaría en el

Es waren einmal ein junger Graf namens Abel und eine Prinzessin, die waren miteinander verlobt. Eines Tages, als sie an der Tafel saßen, fiel dem Grafen eine Sauerkirsche hinunter. Er überlegte: Hebe ich sie nun auf oder nicht, die Kirsche, die mir hinuntergefallen ist. Wenn ich sie aufhebe, sagt die Prinzessin sicher, ich sei unsauber und knauserig, und wenn ich sie nicht aufhebe, sagt sie, ich sei ein Verschwender. So überlegte er hin und her, bis er endlich sagte: «Ich hebe sie doch auf.» Er hob sie vom Boden auf und aß sie. Deswegen mochte ihn die Braut nicht mehr. Sie sagte, sie wolle nicht einen Grafen heiraten, der die Speise aufhebt, die ihm zu Boden fällt.

Den armen Grafen überkam große Schwermut, und er wußte nicht, was er tun sollte, damit die Prinzessin ihn wieder liebte. Endlich nahm er sich vor, als Bettler verkleidet zur Prinzessin zu gehen. Er zog sich wie ein Bettler an und nahm heimlich einen goldenen Kelch, einen Ring und ein Medaillon mit. So kam er als ein um Almosen Bettelnder an das Schloß. Die Prinzessin trat heraus und gab ihm ein Almosen. Da sagte er zu ihr: «Gnädige Frau, habt Ihr nicht irgend etwas für mich, das ich tun könnte, irgendeine Arbeit.» Sie sagte nein; für alle Tätigkeiten im Palast hätten sie schon Bedienstete. Aber er

jardín o donde fuera pa hacer algo y ganar unos cuartos. Y entonces ella le dijo que fuera a cavar en el jardín.

Y fué a cavar en el jardín y a poco que estuvo cavando echó en la tierra la copa de oro y dijo: – Miren ustedes lo que me he encontrao*. Una copa de oro preciosa. ¡Qué bonita! Y ya salió la princesa y la vió y le dijo: – ¡Qué bonita! ¡Démela usté! Y él la dijo: – Ésta no se la doy yo a nadien. Yo la he encontrao y mía es. Y le dijo entonces la princesa: – Pues véndamela. Dígame usté qué quiere por ella. Y él dijo: – No, no; que no la doy por nada del mundo. Y ella le estuvo rogando que se la diera y le preguntaba qué quería por ella, hasta que él la dijo: – Güeno*, pues se la doy a usté si se alza usté las enaguas y me enseña sus ligas. Y ella dijo: – Pero que sinvergüenza es usté. ¿Pa qué quiere usté que le enseñe las ligas? Y él la respondió: – Güeno, si no quiere, está bien. Me quedo con la copa de oro. Y ya ella lo estuvo pensando y dijo: – Güeno, este mendigo ¿qué me importa que me vea las ligas? Y le dijo que estaba güeno. Y se alzó las enaguas y le enseñó las ligas y él le dió la copa de oro.

Y se fué la princesa muy contenta con su copa y él siguió cavando en el jardín. Y cavando, cavando, tiró la sortija y la recogió y gritó: – ¡Ahora sí que me he encontrao una cosa bonita! ¡Miren ustedes qué sortija más preciosa! Y ya salió la princesa y la vió y le dijo: – ¡Ay, qué rebonita es! ¿Cuánto quiere usté por ella? Y él le contestó: – Por nada del mundo la doy. Ésta sí que no la doy por nada. Me quedo yo con

sagte, er würde auch im Garten arbeiten, gleichgültig wo, nur um etwas zu tun und einige Heller zu verdienen. Da sagte sie ihm, er solle den Garten umgraben.

Also ging er in den Garten zum Umgraben. Er hatte noch nicht lange gearbeitet, da warf er den goldenen Kelch zwischen die Erdschollen und rief aus: «Seht nur, was ich gefunden habe. Einen herrlichen Kelch aus Gold. Wie schön!» Da trat auch schon die Prinzessin heraus, erblickte ihn, und sagte: «Wie schön! Gebt ihn mir!» Er antwortete: «Den gebe ich niemandem. Ich habe ihn gefunden, und mir gehört er.» Da sagte die Prinzessin: «Dann verkauft ihn mir! Sagt mir, was Ihr dafür wollt.» Er sprach: «Nein, nein, ich gebe ihn um nichts auf der Welt her.» Sie aber bat ihn so sehr darum und fragte ihn, was er dafür haben wolle, bis er zu ihr sagte: «Nun gut, ich gebe ihn Euch, wenn Ihr die Röcke hochhebt und mir Eure Strumpfbänder zeigt.» Da rief sie: «Was seid Ihr für ein unverschämter Kerl. Warum soll ich Euch meine Strumpfbänder zeigen?» Er antwortete: «Gut, wenn Ihr nicht wollt, dann eben nicht. Ich behalte den Kelch aus Gold.» Doch sie dachte nach und sagte sich: «Na, dieser Bettler, was macht es mir schon aus, wenn er meine Strumpfbänder sieht.» Sie sagte also, sie sei einverstanden, hob ihre Unterröcke auf und ließ ihn ihre Strumpfbänder sehen. Darauf gab er ihr den goldenen Kelch.

Die Prinzessin ging mit ihrem goldenen Kelch sehr zufrieden weg, und er grub im Garten weiter um. Und während er so umgrub, ließ er den Ring fallen, hob ihn auf und rief: «Jetzt habe ich aber etwas Schönes gefunden! Seht nur, was für ein wunderbarer Ring!» Und schon kam die Prinzessin heraus, sah den Ring und sagte: «Ach, wie schön ist der! Was wollt Ihr dafür?» Doch er antwortete ihr: «Um nichts auf der Welt gebe ich ihn her! Den Ring hier gebe ich bestimmt nicht her. Den behalte

ella. Pero tanto le estuvo rogando la princesa que por fin la dijo: – Güeno, si usté quiere quedarse con esta sortija tiene que enseñarme las piernas. Y entonces la princesa le dijo: – Pero, qué sinvergüenza y atrevido es usté. Le enseñé las ligas y ahora quiere que le enseñe las piernas. No, señor, eso sí que no puede ser. Y él la dijo: – Muy bien; me quedo con mi sortija. Y entonces ella dijo: – Este mendigo nadien le conoce. ¿Qué me importa que me vea las piernas? Y ya le dijo que estaba güeno que le iba a enseñar las piernas. Y subió el méndigo y le enseño las piernas. Y cuando ella le enseñó las piernas dijo él: – ¡Ay, qué piernas tan blancas y tan bonitas tiene usté! Y le entregó la sortija.

Y se fué la princesa con la sortija, pero un poco avergonzada. Pero decía: – ¡Qué me importa! Este mendigo tonto no sabe nada, y a nadien se lo dirá. Y el siguió cavando en el jardín, y luego echó un medallón de oro en la tierra y gritó: – ¡Ay, qué medallón más hermoso me he encontrao! Y la princesa cuando lo supo bajó en seguida y le dijo: – A ver el medallón que has encontrao. Y ya se lo enseñó y la dijo: – Mire usté. Pero no me pregunte cuánto quiero por él porque este sí que no se lo doy ni a usté ni a nadien. Éste es pa quedarme yo con él. Y la princesa le dijo: – ¡Anda, véndemelo! Dime qué quieres que te dé por él. Y él la contestó: – Señora, no me diga usté que se lo dé porque no puede ser. Mírelo usté. Éste sí que a nadien del mundo se lo doy ni por dinero ni por nada.
10 Pero la princesa tanto le estuvo rogando que por
11 fin la dijo: – Güeno, pues mire usté, sólo por una

ich.» Aber die Prinzessin bat ihn so inständig darum, daß er schließlich sagte: «Gut, wenn Ihr den Ring haben wollt, müßt Ihr mir Eure Beine zeigen.» Da rief die Prinzessin: «Also: was seid Ihr für ein unverschämter und frecher Kerl. Ich habe Euch meine Strumpfbänder gezeigt, und jetzt wollt Ihr auch noch meine Beine sehen. Nein, mein Herr, das kann ich wirklich nicht tun.» Er antwortete: «Gut, dann behalte ich eben meinen Ring.» Da sagte sie sich: Diesen Bettler kennt niemand. Was macht es mir denn aus, wenn er meine Beine sieht? Und schon sagte sie ihm, sie sei einverstanden, sie wolle ihm ihre Beine zeigen. Der Bettler ging mit nach oben, und sie zeigte ihm ihre Beine. Dabei sagte er: «Oh, was habt Ihr für weiße und hübsche Beine!», und gab ihr den Ring.

Die Prinzessin ging mit dem Ring davon, doch sie schämte sich ein wenig. Aber sie sagte sich: Was macht es schon! Dieser blöde Bettler ist ein ahnungsloser Kerl, er wird es niemanden erzählen. Er aber fuhr fort mit dem Umgraben im Garten; und nach einer Weile warf er das goldene Medaillon auf die Erde, und rief: «Oh, was für ein schönes Medaillon ich gefunden habe!» Als das die Prinzessin erfuhr, kam sie sogleich herunter und sagte zu ihm: «Laß mich das Medaillon sehen, das du gefunden hast!» Er zeigte es ihr und sprach: «Schaut. Doch fragt mich nicht, wieviel ich dafür will, denn dieses gebe ich Euch gewiß nicht, Euch nicht, und niemandem anderen. Dies ist für mich selber bestimmt.» Die Prinzessin aber sagte: «Komm, verkauf es mir. Sag mir, was ich dir dafür geben soll.» Er antwortete: «Gnädige Frau, sagt mir nicht, daß ich es Euch geben soll, denn das ist unmöglich. Versteht doch. Dies gebe ich wirklich niemandem auf der Welt, weder für Geld noch für sonst etwas.» Doch die Prinzessin drang so lange in ihn, daß er schließlich sagte: «Nun gut! Also: ich gebe es nur unter der Bedingung her,

cosa se lo doy y es que me deje dormir con usté una noche. – Usté es un atrevido y un pícaro, – le dijo la princesa. – Ya porque le he enseñao las ligas y las piernas cree usté que hasta puede dormir conmigo. Y él la contestó: – Señora, perdone usté. Sólo por eso la doy el medallón. Y me cose en una sábana y me echa a los pies. Así duermo con usté en su cama. Y la princesa le dijo que no, que eso no podía ser. Pero come él la dijo que entonces él se quedaría con el medallón por fin consintió y le dijo que estaba güeno, que por la noche le coserían en una sábana y que dormiría a los pies de ella en su misma cama.

Y cuando llegó la noche fué el mendigo a que lo cosieran en la sábana. Y la princesa le dijo: – ¿Cómo se llama usté? Y él la dijo: – Yo me llamo Pedrón. Y lo metieron en una sábana y lo cosieron y lo llevaron a la cama de la princesa y lo echaron a los pies. Y a media noche empezó a moverse el mendigo y decía: – ¡Ay, qué me descoso! ¡Ay, qué me descoso! Y rompió la sábana y salió y se acostó a la cabecera con la princesa. Y entonces la enamoró y hizo lo que quiso con ella. Y entonces ella le dijo: – ¿Qué voy a hacer yo ahora? No importa quien sea usté tendré que casarme con usté. Y él la dijo: – No puede ser. Yo no me puedo casar con usté. Y a la madrugada se salió del palacio y se fué a cavar al jardín.

Y así pasaron unos meses y todas las noches iba Pedrón a dormir con la princesa. Y ya un día cuando ya no podía esconder de sus padres lo que
12 le pasaba le dijo al mendigo: – ¡Ay, Pedrón,
13 llévame contigo adonde quieras, que si mis pa-

daß Ihr mich eine Nacht bei Euch schlafen laßt.» «Ihr seid ein frecher Kerl und ein Schelm», sagte die Prinzessin. «Bloß weil ich Euch meine Strumpfbänder und meine Beine gezeigt habe, glaubt Ihr, Ihr könnt auch bei mir schlafen.» Er antwortete ihr: «Verzeiht, gnädige Frau! Nur um diesen Preis gebe ich Euch das Medaillon. Ihr dürft mich in ein Bettlaken einnähen, und ans Fußende legen. So schlafe ich bei Euch in Eurem Bett.» Die Prinzessin aber sagte nein, das sei unmöglich. Doch als er ihr sagte, daß er dann eben das Medaillon behalten würde, stimmte sie schließlich zu, und sagte ihm, sie sei einverstanden; in der Nacht würde man ihn in ein Bettlaken einnähen, und er könne dann am Fußende ihres Bettes bei ihr schlafen.

Als es Nacht wurde, ließ sich der Bettler in das Bettlaken einnähen. Die Prinzessin sprach zu ihm: «Wie heißt Ihr?» Er antwortete: «Ich heiße Pedron.» Man steckte ihn in ein Bettlaken, nähte ihn ein, trug ihn zum Bett der Prinzessin und legte ihn ans Fußende. Um Mitternacht begann der Bettler sich zu rühren, und er sagte: «Oh weh, die Naht geht auf, oh weh, die Naht geht auf!», zerriß das Laken, kam heraus und legte sich mitten ins Bett zur Prinzessin. Und er lockte sie zur Liebe und tat mit ihr was er wollte. Dann sagte sie zu ihm: «Was tu ich jetzt bloß? Wer auch immer Ihr seid, ich werde Euch heiraten müssen.» Doch er antwortete: «Das ist unmöglich. Ich kann Euch nicht heiraten.» Bei Tagesanbruch schlich er aus dem Palast und ging zum Umgraben in den Garten.

So vergingen einige Monate. Jede Nacht ging Pedron mit der Prinzessin schlafen. Eines Tages, als sie ihren Eltern nicht mehr länger verbergen konnte, was mit ihr vorging, sagte sie zum Bettler: «Ach Pedron, laß mich mit dir fortgehen, wohin du willst. Denn wenn meine

dres se enteran me matan! Y él la decía: – No, no, que no te llevo a ninguna parte. Y ella lloraba y le decía: – ¡Ay, Pedrón, Pedrón, que cuando mis padres se enteren! Y él la dijo: – Pero y ¿pa dónde quieres que te lleve? ¿Pa un molino desparrafao que tiene mi padre? Y ella lloraba y decía: – ¡Ay, Pedrón, Pedrón, llévame adonde quieras!

Y ya dijo el conde: – Ella me quiere y se casará conmigo. Y se la llevó en una burra pa su palacio. Y pasaron por onde había un rebaño de cabras muy grande, y le dijo ella: – Mira qué cabras más bonitas. ¿De quién serán? Y él la dijo: – Esas cabras son del conde Abel. Y ella dijo entonces: – ¡Ay de mí! Antes me quería mucho y se quería casar conmigo, pero yo no le quise a él porque una vez se le cayó una guinda y la recogió y se la comió. Y ya pasaron por onde había muchas ovejas, y dijo ella: – Mira qué ovejas más bonitas. ¿De quién serán. Y él la dijo: – Esas ovejas son también del conde Abel. Y ella suspiró y dijo: – ¡Ay de mi! ¡Cuánto me quería a mí el conde Abel y yo tonta no le quise a él! ¡Ay de mí!

Y siguieron caminando pal castillo del conde. Y cuando ya iban llegando al palacio le dijo el conde Abel: – ¿Dices princesa que el conde Abel te quería mucho? Y ella le contestó: – ¡Ay, sí, mucho, mucho! Y yo también le quería, pero por lo de la guinda ya no le quise. ¡Ay, qué tonta fuí! ¡Ay, cuánto me quiso!

Y a estaban cerca del palacio y llegaron ande
estaba un molino. Y ai en el molino metió el
14 conde Abel a la princesa y ai estuvieron hasta que
15 dió a luz. Y el conde le llevó allí ropa y comida,

Eltern es erfahren, töten sie mich!» Er antwortete: «Nein nein, ich will dich nirgendwohin bringen.» Da weinte sie und sagte: «Ach Pedron, Pedron, was ist, wenn meine Eltern es merken?» Er sagte: «Aber wohin soll ich dich denn bringen? In eine alte verfallene Mühle meines Vaters?» Da weinte sie und sagte: «Ach Pedron, Pedron, bring mich, wohin du willst!»

Der Graf sagte sich da gleich: «Sie liebt mich und wird mich heiraten.» Und auf einem Esel nahm er sie mit auf den Weg zu seinem Palast. Als sie an einer sehr großen Herde Ziegen vorbeikamen, sprach sie zu ihm: «Schau, was für hübsche Ziegen. Wem die wohl gehören?» Da sagte er: «Diese Ziegen gehören dem Grafen Abel.» Und sie sprach: «Oh weh! Früher liebte er mich sehr und wollte mich heiraten, doch ich mochte ihn nicht. Ihm war nämlich einmal eine Sauerkirsche heruntergefallen, und er hat sie aufgehoben und gegessen.» Gleich darauf kamen sie an einer großen Anzahl Schafe vorbei. Und sie sprach: «Schau, was für hübsche Schafe. Wem die wohl gehören?» Darauf sagte er ihr: «Diese Schafe gehören auch dem Grafen Abel.» Da seufzte sie und sprach: «Oh je, wie sehr liebte mich doch der Graf Abel, und ich Närrin wollte ihn nicht. Oh je!»

Dann setzten sie den Weg zum Schloß des Grafen fort. Als sie schon beinahe angekommen waren, sagte der Graf Abel zu ihr: «Du sagst, Prinzessin, daß der Graf Abel dich sehr geliebt hat?» Sie antwortete: «Oh ja, sehr, sehr! Und ich habe ihn auch geliebt, doch wegen der Sache mit der Sauerkirsche wollte ich ihn nicht mehr. Ach, wie dumm ich war! Ach, und er liebte mich doch so sehr!»

Sie waren nicht mehr weit vom Schloß entfernt, da kamen sie an einer Mühle vorbei. Und in diese Mühle brachte Graf Abel die Prinzessin, und dort blieben sie, bis sie ihr Kind gebar. Der Graf versorgte sie dort mit

criados y todo lo que hacía falta. Y ella le dijo un día: – ¿De dónde traes tú todo eso, Pedrón? Y él la dijo: – De la casa y hacienda del conde Abel. Y ella le preguntó: – ¿Y dónde está el conde Abel? Y él la abrazó y la dijo: – Éste es el conde Abel, el que te quería y te quiere. Y ya se quitó el vestido de mendigo y ella le reconoció. Y se casaron y se fueron a vivir al palacio del conde.

Kleidung und Essen, mit Dienerschaft und allem, was sie nötig hatte. Da sprach sie eines Tages zu ihm: «Wo bringst du denn das alles her, Pedron?» Er antwortete ihr: «Vom Hofgut des Grafen Abel.» Und da fragte sie: «Und wo ist der Graf Abel?» Da umarmte er sie, und sagte: «Ich bin Graf Abel, der dich geliebt hat und noch immer liebt.» Zugleich zog er das Bettlergewand aus, und sie erkannte ihn. Da heirateten sie und zogen in den Palast des Grafen.

El palacio del Jarancón

Der Palast des Jarancón

Éste era un hombre que tenía dos hijos y una hija y que era viudo. Y cerca de ellos vivía una maestra que era también viuda y que venía todos los días a la casa del viudo y le decía a la niña: – Oye, linda, anda y dile a tu padre que se case conmigo. Y dile que si se casa conmigo les doy a sus hijitos pan y miel todos los días. Y la niña iba y se lo decía a su padre. Pero el padre no quería. Y venía otra vez la maestra y les decía lo mismo a los hermanitos. Y ellos iban y le decían al padre: – Padre, cásese usté con la maestra que nos dará pan y miel. Y el padre les respondía: – No, hijos no me caso, que luego os dará pan y hiel.

Pero tanto estuvieron insistiendo que el padre al fin se casó con la maestra. Y llegó cierto tiempo que el matrimonio nuevo tuvieron familia. Y luego que fué creciendo la niña de la maestra a los hijos primeros del padre los maltrataba mucho la madrastra. A la hija la hacían hacer todo en la casa. Ella tenía que ir por agua al río, hacer la lumbre y hacer de comer. Y la mejor comida la comían antes de dársela a ella. Y entonces pa que

Es war einmal ein Mann, der hatte zwei Söhne und eine Tochter und war Witwer. In der Nachbarschaft lebte eine Meisterin, die war auch Witwe; sie kam jeden Tag in das Haus des Witwers und sagte zu dem Mädchen: «Hör mal, meine Hübsche, geh zu deinem Vater und sag ihm, er soll mich heiraten. Sag ihm, wenn er mich heiratet, gebe ich seinen Kindern jeden Tag Brot und Zucker.» Das Mädchen ging zum Vater und sagte es ihm. Aber der Vater wollte nicht. Immer wieder kam die Meisterin, und nun sagte sie dasselbe zu den Brüdern. Auch sie gingen zum Vater und sagten zu ihm: «Vater, heiratet doch die Meisterin, sie wird uns Brot und Zucker geben.» Darauf antwortete der Vater: «Nein, Kinder, ich heirate nicht, denn nachher gibt sie euch Brot und Galle.»

Aber die Kinder bedrängten den Vater so sehr, daß er schließlich die Meisterin heiratete. Nach einiger Zeit hatten die neuen Eheleute ein Kind. Und als dann die Tochter der Meisterin heranwuchs, wurden die ersten Kinder des Vaters von der Stiefmutter sehr schlecht behandelt. Man ließ da die Schwester die ganze Hausarbeit machen. Sie mußte zum Wasserholen an den Fluß gehen, mußte Feuer machen und das Essen kochen. Doch das Beste aßen die andern auf, erst dann bekam sie etwas.

no la enviaran siempre por agua la hermanita rompía todos los cántaros. Y la madrastra la castigaba y decía: – ¡Ay, qué muchacha más mala! No sé qué voy a hacer con ella. Y le mandaron hacer un cántaro de hoja e lata pa que no lo rompiera. Y cuando la enviaron por agua la hermanita dijo: – Pues éste lo he de romper también. Y sus hermanitos le habían dao un anillito que siempre llevaba consigo. Y para romper mejor el cántaro se quitó el anillo y le puso sobre un guijarro. Y fué a romper el cántaro pero no pudo.

Y cuando estaba tratando de romper el cántaro vino una aguilita y se llevó el anillito. Y cuando la niña la vió que se llevaba su anillito le gritó: – Aguilita, aguilita, dame mi anillito que me dieron mis hermanos de recuerdito. Y la aguilita la respondía: – Andarás y andarás y en los balcones de tus hermanos le hallarás. Pero la niña primero ni oía lo que decía la aguilita de lo mucho que sentía perder el anillito, y volvía a gritarla a la aguilita: – Aguilita, aguilita, dame mi anillito que me dieron mis hermanos de recuerdito. Y la aguilita la respondía otra vez: – Andarás y andarás y en los balcones de tus hermanos le hallarás. Y por tercera vez le gritaba la niña a la aguilita: – Aguilita, aguilita, dame mi anillito que me dieron mis hermanos de recuerdito. Y la aguilita ya se iba y le decía por última vez: – Andarás y andarás y en los balcones de tus hermanos le hallará. Conque la aguilita se paró y dejó el anillo en los balcones
20 de un hermoso palacio.

21 Y la niña entonces se fué muy triste porque no

Damit man sie nicht immer um Wasser schickte, zerbrach das Schwesterlein alle Krüge. Darauf schalt sie die Stiefmutter und sagte: «O was für ein schlechtes Mädchen. Was soll ich mit ihr tun?» Sie bekam den Befehl, einen Krug aus Blech machen zu lassen, damit sie ihn nicht mehr zerbräche. Als man sie nun zum Wasserholen schickte, sagte sich das Schwesterlein: «Diesen muß ich auch kaputt machen.» Ihre Brüder hatten ihr einen kleinen Ring geschenkt, den hatte sie immer angesteckt. Um den Krug besser kaputt machen zu können, streifte sie das Ringlein ab, und legte es auf einen Kieselstein. Nun wollte sie den Krug zerschlagen. Aber sie konnte es nicht.

Als sie versuchte, den Krug zu zerschlagen, kam ein Adlerchen und flog mit dem Ring davon. Wie die Schwester sah, daß es ihr Ringlein mitnahm, rief sie ihm zu: «Adlerchen, Adlerchen, gib mir mein Ringlein wieder, das mir meine Brüder zum Andenken gegeben haben.» Das Adlerchen antwortete: «Geh und such, bis du es auf dem Balkon deiner Brüder wiederfindest.»

Dem Mädchen aber tat es so leid, sein Ringlein verloren zu haben, daß es zuerst nicht hörte, was das Adlerchen ihm sagte, deshalb rief es ihm nochmals zu: «Adlerchen, Adlerchen, gib mir mein Ringlein wieder...» Wieder antwortete das Adlerchen: «Geh und such, bis du es auf dem Balkon deiner Brüder wiederfindest.» Und ein drittes Mal rief ihm das Mädchen nach. Das Adlerchen aber war schon weit, und sprach die selben Worte zum letzten Male: «Geh und such, bis du es auf dem Balkon deiner Brüder wiederfindest.» Dann hielt das Adlerchen ein und legte den Ring auf dem Balkon eines prächtigen Palastes nieder.

Das Mädchen war sehr traurig, weil es sein Ringlein

llevaba su anillito. Y sus hermanos ya se habían salido de la casa porque la madrastra los maltrataba. Y la hermanita ya no quiso tampoco volver a la casa. Y salió por los pueblos a ver donde encontraba a sus hermanos. Y onde quiera que vía* balcones se paraba a ver si vivían allí sus hermanos y a ver si encontraba su anillito.

Y de repente se encontró delante de un hermoso palacio que tenía unos balcones muy bonitos. Y se paró y dijo: – Pero, esto no pué* ser de mis hermanos. No; esto no pué ser. Y se acercó y se escondió tras de una puerta y vió que allí vivían sus hermanos. Y fué sin que la vieran a los balcones y encontró su anillito.

Y vió que cuando se iban sus hermanos pa fuera todo estaba muy desarreglao. Y entraba ella sin que la vieran y arreglaba toa la casa, les hacía la comida, y todo. Y cuando los dos hermanos volvían decían: – ¿Pero quién habrá venido a arreglar y a limpiar la casa? ¿Quién habrá hecho todo esto? Y la hermanita se estaba escondida tras de la puerta.

Y cerca del palacio, en unas habitaciones vecinas vivían los amos del palacio, el jarancón y la jaranquilla que siempre querían mal a los cristianos. Y si los dos hermanos entraban a la casa del jarancón él los mataría. Y los dos hermanos salían siempre cuando el jarancón no los vía.

Y un día cuando los dos hermanos volvieron al palacio hallaron todito muy limpio y muy arreglao y hallaron el chocolate hecho. Y dijeron: – ¿Pero quién nos habrá hecho el chocolate?
22 Y como le tenían miedo al jarancón no que-
23 rían probarle. Y tenían una perrita en la casa,

nicht mehr hatte. Seine Brüder waren von zu Hause fortgegangen, denn die Stiefmutter behandelte sie schlecht, und da wollte das Schwesterlein nun auch nicht mehr zurück. Sie ging hinaus, von Ort zu Ort, und suchte überall nach ihren Brüdern. Wo immer sie einen Balkon sah, hielt sie an, um zu sehen, ob dort ihre Brüder lebten und sie ihr Ringlein fände.

Auf einmal stand sie vor einem prächtigen Palast mit sehr schönen Balkonen. Sie blieb stehen und sagte sich: «Aber das kann doch nicht der Palast meiner Brüder sein. Nein, das ist unmöglich.» Sie ging näher heran, versteckte sich hinter einer Tür und sah, daß dort ihre Brüder lebten. Ohne daß jemand sie sah, stieg sie zu den Balkonen hinauf. Dort fand sie ihr Ringlein.

Als die Brüder aus dem Haus gingen, sah sie, daß alles in großer Unordnung war. Unbemerkt trat sie ein; sie räumte das ganze Haus auf, kochte ihnen das Essen und machte einfach alles. Als die zwei Brüder zurückkehrten, sagten sie: «Wer hat denn da geputzt und das Haus aufgeräumt? Wer mag das alles gemacht haben?» Das Schwesterlein aber hielt sich hinter der Türe versteckt.

Ganz in der Nähe des Palastes, nur ein paar Häuser weiter, lebten die Besitzer des Palastes, der Jarancón und seine Frau, die Jaranquilla, welche immer den Christen Übles wollten. Wären die beiden Brüder in das Haus des Jarancón gegangen, so hätte dieser sie getötet, deshalb gingen sie nur aus, wenn der Jarancón sie nicht sehen konnte.

Ein andermal, als die beiden Brüder in ihren Palast zurückkehrten, fanden sie alles sehr sauber und schön aufgeräumt vor, und es stand fertige Schokolade da. Da sagten sie: «Wer mag uns wohl die Schokolade zubereitet haben?» Weil sie vor dem Jarancón Angst hatten, wollten sie sie nicht kosten. Und da sie einen kleinen Hund im

y dijo uno de ellos: – Vamos a darle primero chocolate a la perrita, y si no envenena a la perrita no nos hace daño a nosotros tampoco. Y le dieron chocolate a la perrita y como no la envenenó bebieron después ellos.

Otro día pasó lo mismo. Volvieron al palacio y todo estaba arreglao y limpio y el chocolate sobre la mesa. Y ellos dijeron: – Esto no pué ser. Vamos a ver quién es el que hace todo esto. Y se escondió uno de ellos cerca de la puerta pa ver quién era. Y cuando la muchacha entró a arreglar la casa salió el hermano y la encontró y como no la concoció quería matarla. Pero ella le dijo de por Dios que no la matara, que era su hermanita, y entonces les enseñó el anillito que le habían dao. Y dijo entonces el mayor de los hermanos: – Bueno, pues ahora tú sigues viviendo aquí con nosotros y nos arreglas la casa y nos haces de comer. Pero mucho cuidao con el jarancón que nos tiene en este palacio y que nos matará si puede. Y también le dijeron que de toda la comida que comieran le dieran un bocao a la perrita porque si no la perrita les apagaría la lumbre.

Y un día fueron los dos hermanos a la feria y le trajeron a la hermanita avellanas. Y ella no le dió avellanas a la perrita y se arrimó y le apagó la lumbre. Y la pobre no hacía más que llorar porque no podía hacer la comida pa sus hermanos. Y se decidió la hermanita dir* ande la jaranquilla por lumbre. Y como la jaranquilla era cristiana se la dió. Y vino la muchacha a su casa con la lumbre y hizo la comida.

Y por la noche vino el jarancón a su casa. Y como había la muchacha estao allí dijo pronto:

Haus hatten, sagte einer von ihnen: «Lassen wir doch erst den Hund von der Schokolade trinken; wenn er sich nicht daran vergiftet, so wird sie uns auch nicht schaden.» Sie gaben dem Hund von der Schokolade, und weil er sich nicht vergiftete, tranken auch sie.

Am nächsten Tag geschah dasselbe. Sie kehrten in den Palast zurück, und alles war aufgeräumt und sauber, und die Schokolade stand auf dem Tisch. Da sagten sie: «Das gibt es doch nicht. Laß uns herausfinden, wer das alles macht.» Darauf versteckte sich einer, um zu sehen, wer es war. Als das Mädchen hereinkam, um das Haus aufzuräumen, trat der Bruder vor, und ging auf sie zu – und da er sie nicht kannte, wollte er sie töten. Das Mädchen aber sagte ihm, er solle sie um Gottes Willen nicht töten, sie sei seine kleine Schwester, und zeigte den Brüdern das Ringlein, das sie ihr gegeben hatten. Darauf sprach der ältere: «Gut, dann bleibst du hier bei uns, räumst uns das Haus auf und kochst uns das Essen. Aber sei sehr vorsichtig mit dem Jarancón, der uns in diesem Palast leben läßt, uns aber am liebsten töten möchte.» Sie sagten ihr auch, daß sie von jeder ihrer Speisen immer einen Bissen dem kleinen Hund gäben, sonst würde der ihnen die Glut im Herd auslöschen.

Nun gingen eines Tages die zwei Brüder zum Jahrmarkt, und brachten der kleinen Schwester Mandeln mit. Sie gab dem kleinen Hund keine Mandeln ab, und da lief er zum Herd und löschte die Glut. Das arme Mädchen weinte nur noch, denn nun konnte sie ihren Brüdern nicht mehr das Essen kochen. Da entschloß sie sich, zur Jaranquilla zu gehen und sie um Glut zu bitten. Weil die Jaranquilla Christin war, gab sie ihr welche. Das Mädchen ging mit der Glut nach Hause und kochte das Essen.

Nachts kam der Jarancón nach Hause. Da das Mädchen dort gewesen war, sagte er gleich: «Hier riecht es nach

– Aquí huele a carne humana y si no me la das te mato. Y la jaranquilla le dijo: – Si es la cristianilla que ha venido por un poco de lumbre, que se la ha apagao la perra. Y el jarancón se enfadó mucho y dijo: – Ahora voy ande* la cristianilla y se la pillo toda. Y va y dice: – Cristianilla, dame la lumbre. Dámela toda. Y la muchacha lloraba y le decía que no podía ser porque tenía que hacer la comida pa sus hermanos. Y al fin el jarancón le dice: – Dámela toda, o si no, dame tu dedo a chupar. Saca el dedo por el agujero de la cerradura todos los días cuando yo venga pa que yo lo chupe. Y la muchacha le dice que está bien, que antes que la quite la lumbre le dará el dedo a chupar.

Y todos los días venía el jarancón y la muchacha metía el dedo por el agujero de la cerradura y él le chupaba. Y ella se quedaba muy delgada y el dedo que chupaba se quedaba mucho más delgado que los demás. Y sus hermanos la decían: – Pero, hombre, ¿qué es esto? Tú comes, tú bebes y siempre tan delgada. Y ella entonces les contó todo lo que pasaba. Les dijo que para hacer la comida la hacía falta la lumbre y que como no la había dao avellanas a la perrita la apagaba la lumbre, y que cuando había ido ande la jaranquilla por lumbre después el jarancón se la quería quitar y tenía que darle el dedo a chupar pa que no se la quitara toda. Y entonces le dijeron los hermanos: – Bueno, pues mañana no le des nada. Dile que suba por la escalera por la lumbre. Y fueron ellos y hicieron un pozo muy profundo
26 bajo la escalera pa que se cayera dentro.
27 Y otro día llegó el jarancón a chupar el dedo de

Menschenfleisch. Wenn du es mir nicht gibst, töte ich dich.» Da antwortete die Jaranquilla: «Es ist nur das kleine Christenmädchen, das ein bißchen Glut haben wollte, weil der Hund sie ihr ausgelöscht hatte.» Da wurde der Jarancón sehr böse und sagte: «Jetzt gehe ich zum Christenmädchen und nehme ihr alles weg.» Und er geht zu ihr und sagt: «Christenmädchen, gib mir die Glut. Gib mir die ganze Glut.» Da weinte das Mädchen und sagte ihm, das könne sie nicht, denn sie müsse ihren Brüdern das Essen kochen. Schließlich sagt ihr der Jarancón: «Gib mir die ganze Glut. Wenn nicht, so laß mich an deinem Finger saugen. Steck deinen Finger alle Tage, wenn ich komme, zum Schlüsselloch heraus, daß ich daran saugen kann.» Das Mädchen sagt, sie sei einverstanden, sie würde lieber den Finger zum Saugen geben, als daß er ihr die Glut wegnähme.

Der Jarancón kam jeden Tag, und das Mädchen steckte ihren Finger durch das Schlüsselloch, und er sog daran. Sie wurde sehr dünn, und auch der Finger, an dem er sog, wurde sehr viel dünner als die anderen. Ihre Brüder sprachen zu ihr: «Was ist denn nur los mit dir? Du ißt, du trinkst und bist immer so dünn.» Da erzählte sie ihnen alles, was geschehen war. Sie sagte ihnen, daß sie, um das Essen zu kochen, Glut brauchte, da sie aber dem kleinen Hund keine Mandeln abgegeben hatte, habe ihr dieser die Glut gelöscht. Nachdem sie zur Jaranquilla um Glut gegangen war, habe der Jarancón sie ihr wieder wegnehmen wollen, und sie habe ihm ihren Finger zum Saugen geben müssen, damit er ihr ja nicht die ganze Glut wegnahm. Darauf sagten die Brüder: «Gut, morgen gibst du ihm nichts. Sag ihm, daß er wegen der Glut die Treppe hochsteigen soll.» Und sie machten sich daran, eine sehr tiefe Grube auszuheben, in die er hineinfallen sollte.

Am nächsten Tag kam der Jarancón, um am Finger des

la muchancha. Y ella le dijo que no, que no se lo daba. Y como no quería meter el dedo por el agujero de la cerradura la dijo el jarancón, muy enfadao: – Bueno, pues entonces voy a quitarte la lumbre. Te la voy a pillar toda. Y ella le respondió: – Bueno, bueno, suba usté por la escalera y llévesela toda, que hoy no le doy el dedo. Y subió el jarancón por la escalera ande la trampa y se cayó en el pozo y los hermanos le taparon y le dejaron allí sepultao.

Y del pozo ande estaba enterrao el jarancón salieron unos repollos muy hermosos. Y fué la niña y sacó los repollos y los echó al cocido. Y la hermanita no quiso comer, pero los hermanos sí comieron, y luego que comieron se volvieron bueyes. Y la pobre hermanita estaba muy triste y desconsolada de ver a sus dos hermanos convertidos en bueyes. Les cuidaba muy bien y lloraba mucho.

Y un día estaba la muchacha a la puerta del palacio llorando cuando pasa por allí el rey y le pregunta que por qué llora. Y ella le contó todo lo que les había pasao y como sus pobres hermanos estaban convertidos en bueyes. Y el rey la contestó que no se apuraría que él se casaría con ella y se llevarían a los dos hermanos al palacio y allí les cuidarían muy bien. Y se casó la muchacha con el rey y se la llevó al palacio con los bueyes, sus hermanos. Allí vivían muy felices y a los dos hermanitos se les cuidaba muy bien.

Y al cabo de cierto tiempo tuvo la reina un niño muy lindo. Pero el rey tuvo que irse a la guerra y dejó a la joven reina y su hijo en cuidao de los criados. Y la reina pa no estar muy triste

Mädchens zu saugen. Sie aber weigerte sich, sie würde ihn ihm nicht geben. Da sie ihren Finger nicht durch das Schlüsselloch stecken wollte, sagte der Jarancón ganz böse: «Also gut, dann nehme ich dir die Glut weg. Ich nehme sie dir ganz weg.» Sie antwortete ihm: «Schon gut, kommt die Treppe hoch, und nehmt Euch die ganze Glut mit. Aber den Finger gebe ich Euch heute nicht.» Der Jarancón stieg die Treppe hinauf, wo die Falle war, und fiel in die Grube, und die Brüder schütteten sie zu und ließen ihn dort begraben.

Aus der Grube, in der der Jarancón begraben lag, wuchs sehr schöner Kohl heraus. Da ging das Mädchen hin, zog den Kohl heraus und tat ihn zum Eintopf. Die Schwester wollte nicht essen, doch die Brüder aßen davon, und nachdem sie gegessen hatten, wurden sie zu Ochsen. Die arme Schwester war unglücklich und nicht zu trösten, wie sie so ihre beiden Brüder in Ochsen verwandelt sah. Sie gab sehr auf sie acht und weinte viel.

Als eines Tages das Mädchen im Tor des Palastes stand und weinte, kommt dort gerade der König vorbei und fragt sie, warum sie weine. Da erzählte sie ihm alles, was ihnen zugestoßen war und wie ihre armen Brüder in Ochsen verwandelt wurden. Der König antwortete ihr, sie möge sich nicht grämen, er würde sie heiraten und sie würden die zwei Brüder mit in den Palast nehmen und sich dort sehr um sie kümmern. Das Mädchen vermählte sich mit dem König, und der führte sie samt den Ochsen, ihren Brüdern, zum Palast. Dort lebten sie glücklich, und auch die Brüder hatten es gut.

Nach einer gewissen Zeit gebar die Königin ein sehr schönes Kind. Der König aber mußte in den Krieg fort und ließ die junge Königin und sein Kind in der Obhut der Dienerschaft. Um nicht in große Traurigkeit zu verfallen, ging die Königin oft in einem ihrer Gärten

salía a pasearse por un jardín que tenía. Y un día al volver la dijo una criada negra que tenía: – ¡Uy, qué sucia tiene la cabeza! ¡Déjeme usté que se la limpie! Y cuando se acercó la negra a limpiarla la cabeza la metió un alfiler de camota negra por la cabeza y la reina se volvió paloma. Y fué la negra y se vistió con los trajes de la reina y dijo que ella era la reina. Y no salía del palacio pa volverse blanca. Al niño le daban la teta y a los bueyes los trataban mal.

Y a los pocos meses volvió el rey y le estrañó mucho ver a su mujer tan fea y tan negra. Y la dijo: – ¡Uy, por Dios, qué negra te has quedao! ¿Cómo es que estás tan fea? Y ella le dijo: – Mira, que como no estabas tú me andaba por el jardín todo el día y el sol me ha quemao. Y así pasaron cierto tiempo y el rey no estaba contento.

Y todos los días venía una paloma al palacio y les preguntaba a los criados: – ¿Qué tal va el rey con la reina mora? Y ellos la respondían: – A veces canta y a veces llora. Y luego preguntaba: – ¿Y el niñito? Y ellos la respondían: – De hambre y de pena se muere el pobrecito. Y preguntaba luego: – ¿Y los bueyecitos? Y la respondían: – A acarrear cal y cantos. Y la palomita lloraba y decía: – ¡Ay, de mí, qué quebranto!

Conque la palomita todos los días entraba en el palacio, y un día entró en la habitación del rey y como al rey le gustó la permitían entrar todos los días a verle. Y todos los días se cagaba la palomita en el plato de la reina mora y en el del rey
30 picaba. Y la reina mora decía: – ¡Ay, qué asque-
31 rosa y qué fea! ¡Mátala! Pero el rey dijo: – ¡Que

spazieren. Eines Tages, als sie ins Haus kam, sagte eine ihrer Dienerinnen: «Pfui, wie ist Euer Kopf schmutzig. Laßt mich ihn Euch säubern.» Und als die Mohrin herantrat, um ihr den Kopf zu säubern stach sie ihr eine schwarze Haarnadel in den Kopf, und die Königin verwandelte sich in eine Taube. Da ging die Mohrin hin und zog sich die Gewänder der Königin an und sagte, sie sei die Königin. Und um eine weiße Hautfarbe zu bekommen, verließ sie den Palast nicht mehr. Das Kind bekam eine Amme, und die Ochsen wurden schlecht behandelt.

Als nach einigen Monaten der König heimkehrte, wunderte er sich sehr, daß seine Frau so häßlich und schwarz war. Er sagte: «O Gott, wie schwarz bist du geworden! Wie kommt es, daß du so häßlich bist?» Da sagte sie: «Nun ja, weil du nicht da warst, ging ich den ganzen Tag im Garten herum, und da hat mich die Sonne verbrannt.» So verging eine gewisse Zeit, doch der König war nicht zufrieden.

Alle Tage kam eine Taube in den Palast und fragte die Diener: «Wie geht es dem König mit der Mohrenkönigin?» Sie antworteten: «Mal singt er, mal weint er.» Dann fragte sie: «Und wie dem Kind?» und sie antworteten: «Vor Hunger und Kummer stirbt der arme Kleine.» Dann fragte sie: «Und den lieben Ochsen?» Und sie antworteten: «Sie schaffen Mörtel und Steine herbei.» Da weinte das Täubchen und sagte: «O weh, ich Arme, wie elend bin ich!»

So kam die Taube jeden Tag zum Palast hereingeflogen. Und eines Tages flog sie in das Gemach des Königs, und da sie ihm gefiel, erlaubte man ihr, alle Tage hereinzukommen und ihn zu sehen. Und alle Tage schiß sie in den Teller der Mohrenkönigin, in dem des Königs pickte sie herum. Und die Mohrenkönigin sagte: «Pfui, wie eklig, wie häßlich! Töte sie!» Der König aber sprach:

no, que no la mato! Y la cogió en la mano y la acarició y dijo: – ¡Ay, qué bonita es la palomita! ¡Qué suaves sus plumitas! ¡Qué linda mi palomita! Y cuando la acariciaba le halló el alfiler y se lo sacó. Y al momento que se lo sacó pues se volvió la reina hermosa que era. Y el rey la reconoció y la metió en palacio. Y a la otra la mataron.

«Nein, ich töte sie nicht!» Und er nahm sie in die Hand, streichelte sie und sagte: «Ach, wie schön ist das Täubchen! So weich seine Federlein! Wie hübsch ist mein Täubchen!» Und als er es so streichelte, bemerkte er die Nadel und zog sie heraus. Und kaum hatte er sie herausgezogen, da wurde die Taube wieder die schöne Königin, die sie gewesen war. Da erkannte sie der König wieder und behielt sie im Palast. Und die andere tötete man.

La gaita que hacía a todas bailar

Der Dudelsack, der alle tanzen ließ

Un hombre tenía tres hijos. Los dos mayores eran más listos que el menor y por eso siempre le hacían burla. Por fin dijo el padre: – Ya que este hijo mío no sirve pa nada he pensao ponerlo de pastor. Y lo pusieron de pastor.

Y ya hacía un año que estaba guardando ovejas cuando encuéntrase con una vieja que le dijo: – Hombre, ¿qué hace usté aquí de pastor de ovejas? Y ya le dijo el muchacho: – Pues verá usté que mis hermanos no me quieren y mi padre me puso de pastor. – Y, ¿qué tal te encuentras? ¿Tienes buen amo y bastante que comer? – le preguntó la vieja: – Sí, sí, – respondió el muchacho. – Tengo un amo muy bueno y me dan bien de comer. Y entonces la señora le dijo: – Pues, entonces, ¿qué te hace falta? – Una gaita. Y la vieja entonces le dió una gaita. Y ya la vieja se fué y le dejó solo.

Y a poco que se fué la vieja escomenzó el pastor a tocar la gaita y escomienzan* las ovejitas a bailar. Y tocaba más y más y más y más y con más gusto bailaban las ovejas y las cabras. Y así pasaba de día en día. Les tocaba el pastor y

Ein Mann hatte drei Söhne. Die beiden älteren waren schlauer als der jüngste, deshalb machten sie sich immer über ihn lustig. Schließlich sagte der Vater: «Da mein Sohn zu nichts taugt, soll er Schäfer werden.» So gaben sie ihn als Schafhirt fort.

Nachdem er schon ein Jahr lang Schafe gehütet hatte, begegnete er einer alten Frau, die sagte zu ihm: «Na, guter Mann, was macht Ihr denn hier als Schafhirt?» Da sagte der Bursche: «Seht, meine Brüder mögen mich nicht, da hat mich mein Vater als Schafhirten fortgegeben.» «Und wie geht es dir? Hast du einen guten Herrn und genug zu essen?» fragte ihn die Alte. «Doch, ja», antwortete der Junge, «ich habe einen sehr guten Herrn, und ich bekomme reichlich zu essen.» Darauf sagte die Frau: «Na, was fehlt dir denn sonst?» «Ein Dudelsack.» Da gab sie ihm einen Dudelsack. Gleich danach ging die alte Frau weg und ließ ihn allein.

Kaum war sie fort, da begann der Schafhirt auf dem Dudelsack zu spielen, und da fingen die kleinen Schafe an zu tanzen. Er spielte immer weiter und weiter, und mit immer größerer Lust tanzten die Schafe und die Ziegen. Und so ging es Tag für Tag. Der Schafhirt spielte ihnen vor, und die Schafe und Ziegen tanzten, bis sie vor

bailaban las ovejas y las cabras hasta caer rendidas y luego se tumbaban a descansar un rato. Y sus ovejas y cabras siempre estaban muy gordas.

Y los otros pastores de ovejas veían que las ovejas del muchacho estaban siempre gordas y decían: – Pero y ¿qué hará ese muchacho pa tener sus ovejas y cabras tan gordas. Y ya otros pastores que sabían que bailaban le dijeron al amo que su pastor tenía una gaita que cuando la tocaba las ovejas y cabras bailaban junto con él. Y el amo no lo quiso creer y vino ande estaba el pastor y le dijo: – Buenas tardes. ¿Por qué están las ovejas echadas? – Descansan, – le dijo el pastor. – Y ¿es verdá que bailan las ovejas? – Sí señor, bailan en cuanto yo les toco la gaita. – A ver, a ver, – le dijo el amo. Y el muchacho se puso a tocar la gaita y se fueron levantando todas las ovejitas y cabras y escomenzaron a bailar de gusto. Y el pastor escomenzó a bailar también. Y tocaba más el pastor y las ovejas y cabras baila que baila. Y el amo de gusto escomenzó a bailar también hasta que ya estaban todos bailando, amo, pastor, ovejas y cabras. Y el pastor venga a tocar y el amo venga a bailar. Y ya cuando el muchacho se aburrió de tocar la gaita se tumbó a descansar, y así hicieron las ovejas y cabras y el amo.

Y ya fué el amo y se lo dijo a su mujer. Y la mujer le dijo: – Anda no vengas con embustes. ¿Ánde se han visto ovejas y cabras que bailan? – Si no lo crees anda a ver y verás que es verdá. Yo mismo he tenido que bailar. Cuando ese muchacho toca la gaita todos tienen que bailar.
36 Y ya dijo la mujer: – No lo creo, pero voy a ver
37 si es verdá. Y ya llegó ande estaba el pastor con

Erschöpfung umfielen und sich dann eine Weile zum Ausruhen hinlegten. Seine Schafe und Ziegen waren dabei aber immer sehr schön dick.

Die anderen Hirten bemerkten, daß die Schafe des Burschen immer schön dick waren, und fragten sich: «Na, was wohl dieser Bursche macht, daß seine Schafe so fett sind?» Andere Hirten, die wußten, daß sie tanzten, sagten dem Herrn, daß sein Schafhirt einen Dudelsack habe, und immer, wenn er darauf spielte, die Schafe und Ziegen mit ihm dazu tanzten. Der Herr wollte das nicht glauben und ging zum Hirten hinaus und sagte zu ihm: «Guten Tag. Warum liegen die Schafe?» «Sie ruhen sich aus», antwortete der Schafhirt. «Ist es wahr, daß die Schafe tanzen?» «Ja, Herr, sie tanzen, wenn ich ihnen mit dem Dudelsack aufspiele.» «Na los, laß sehen», sagte der Herr zu ihm. Da fing der Bursche zu spielen an, und die kleinen Schafe und Ziegen standen nach und nach auf und begannen vor Freude zu tanzen. Der Bursche fing auch zu tanzen an. Er spielte immer weiter und weiter, und die Schafe und Ziegen konnten schon gar nicht mehr aufhören. Und vor Freude begann auch der Herr zu tanzen, bis schließlich alle tanzten, Herr, Hirt, Schafe und Ziegen. Als der Bursche endlich des Spielens müde wurde, legte er sich zum Ausruhen hin, und ihm gleich taten es die Schafe und die Ziegen und der Herr.

Dann ging der Herr heim und erzählte es seiner Frau. Doch die Bäuerin sagte: «Komm mir doch nicht mit Lügen. Wo hat man je Schafe und Ziegen tanzen sehen?» «Wenn du es nicht glaubst, geh doch hin, und schau es dir an, und du wirst sehen, daß es wahr ist. Ich habe selber tanzen müssen. Wenn dieser Bursche auf dem Dudelsack spielt, muß einfach alles tanzen.» Die Frau antwortete: «Ich glaube es nicht, doch ich werde herausfinden, ob es wahr ist.» Sie ging hinaus, wo der Schafhirt mit seinen

las ovejas y cabras y le dijo que tocara la gaita. Y escomenzó a tocar la gaita y se alevantan las ovejas y cabras en seguida y escomienzan a bailar. Y el pastor venga a tocar y las cabras y ovejas vengan a bailar. Y ya escomenzó la ama a bailar también. Y el pastor venga a tocar la gaita y la ama venga a bailar. Y estuvieron todos bailando hasta que el pastor se aburrió y todos se tumbaron a descansar, la ama, el pastor, las ovejas y las cabras. Y cuando ya la mujer descansó se fué pa su casa.

Y cuando llegó a su casa le dijo su marido: – Bueno, y ¿qué tal? Han bailao las ovejas? – Han bailao las ovejas y cabras y yo con ellas, – le dijo la ama. – Cuando ese pastor toca la gaita todos tienen que bailar. – Ya yo te lo decía, – le dijo el amo. Y ya decidieron los amos despedir al pastor porque siempre tenía a las ovejas y cabras y a todo el mundo bailando. Y las ovejitas y cabras se murieron todas de sentimento de ver que ya nadien les tocaba.

Y el muchacho se fué entonces pa su casa con su padre. Y cuando le contó lo que le había pasao los dos hermanos mayores empezaron a hacerle burla. Y el padre dijo: – Este muchacho pa nada sirve. Mejor es que se quede en casa y vosotros tendréis que trabajar pa vivir. Y al día siguiente envió el padre al hijo mayor a vender manzanas al pueblo. Y en el camino se encontró con una vieja que le preguntó: – ¿Qué vendes? Y él le respondió: – Vendo ratas. Y la vieja le dijo: – Pues ratas se te volverán. Y llegó el muchacho al pueblo y cuando iba a sacar manzanas pa venderlas no salían más que ratas. Y salían y salían

Schafen und Ziegen war, und sagte ihm, er solle auf dem Dudelsack spielen. Kaum hatte er zu spielen angefangen, als sich schon die Schafe und Ziegen erhoben, und zu tanzen begannen. Der Hirt hörte gar nicht mehr auf zu spielen, und die Ziegen und Schafe nicht auf zu tanzen. Da fing auch schon die Bäuerin mit an zu tanzen. Immer weiter spielte der Hirt, und immer weiter tanzte die Bäuerin. So lange tanzten alle, bis es dem Hirten schließlich zu viel wurde und alle hinfielen und sich ausruhten: die Bäuerin, der Hirt, die Schafe und die Ziegen. Nachdem sie sich erholt hatte, ging die Bäuerin heim.

Als sie wieder zu Hause war, sagte ihr Mann zu ihr: «Na, wie war es? Haben die Schafe getanzt?» «Die Schafe haben getanzt, und die Ziegen, und ich mit ihnen», antwortete die Bäuerin. «Wenn dieser Schafhirt auf dem Dudelsack spielt, muß einfach alles tanzen.» «Ich hatte es dir doch gesagt», sprach der Herr. Und weil bei diesem Hirten immer die Schafe und Ziegen und alles tanzte, beschlossen der Herr und seine Frau ihn zu entlassen. Die Schafe und Ziegen aber, da ihnen nun niemand mehr aufspielte, gingen vor Trauer zugrunde.

Der Bursche kehrte daraufhin heim zu seinem Vater. Als er ihm erzählte, wie es ihm ergangen war, begannen die beiden älteren Brüder wieder ihn auszulachen. Der Vater sagte darauf: «Der Junge taugt zu nichts. Besser er bleibt daheim, und ihr beide geht das Brot verdienen.» Am nächsten Tag schickte der Vater den ältesten Sohn ins Dorf, Äpfel zu verkaufen. Unterwegs begegnete ihm eine alte Frau, die fragte ihn: «Was verkaufst du?» Er gab ihr zur Antwort: «Ich verkaufe Ratten.» Da sprach sie zu ihm: «Zu Ratten sollen sie dir werden.» Als der Bursche im Dorf ankam, und die Äpfel zum Verkaufen aus dem Korb holen wollte, kamen bloß lauter Ratten hervor. Immer mehr und mehr Ratten sprangen heraus, bis das

ratas hasta que se llenó todo el pueblo de ratas. Y ya le dieron una paliza al muchacho y se fué pa su casa.

Y al día siguiente envió el padre al hijo segundo al pueblo a vender naranjas. Y en el camino se encontró con la misma vieja que le dijo: – Buenos días. ¿Qué vendes? Y él le dijo: – Pájaros. Y la vieja le dijo: – Pues pájaros se te volverán. Y cuando el muchacho llegó al pueblo y fué a abrir la cesta de naranjas salieron volando unos pájaros y no quedó nada. Y ya el pobre se volvió pa su casa muy desconsolao.

Y entonces el hijo menor le dijo a su padre: – Padre, yo quiero ir ahora al pueblo. Envíeme a mí y verá como me va bien. Y los dos mayores se reían de él y decían: – ¡Qué vas a hacer tú, tonto! Si a nosotros nos ha pasao mal a ti te irá peor. Pero el padre le dejó ir y le dió una cesta de uvas pa vender en el pueblo. Y en el camino se encontró el muchacho con la misma vieja y le preguntó: – ¿Qué vendes? Y él le respondió: – Vendo uvas. ¿Quiere usté unas? Y ella le contestó: – No, gracias. Muchas uvas venderás. Y llegó el muchacho al pueblo a vender sus uvas, y cuantas más vendía más había en la cesta. Y estuvo vendiendo hasta que ya llenó muchos talegones de dinero y se fué con ellos pa casa de su padre. Y por el camino iba tocando la gaita que todavía tenía y se encontró con la vieja que le dijo: – No toques la gaita, hijo, hasta que no llegues a casa.

40 Y llegó el muchacho a su casy y salieron los
41 dos hermanos y el padre a recibirlo. Y el padre

ganze Dorf von ihnen voll war. Da bekam der Bursche eine Tracht Prügel verabreicht, und er begab sich nach Hause.

Am nächsten Tag schickte der Vater den zweiten Sohn ins Dorf, Apfelsinen zu verkaufen. Unterwegs traf er auf dieselbe alte Frau, die sprach zu ihm: «Guten Tag. Was verkaufst du?» Er antwortete: «Vögel.» Da sprach die Alte zu ihm: «Zu Vögeln sollen sie dir werden.» Als der Bursche im Dorf ankam, und den Korb mit den Apfelsinen öffnen wollte, flogen ein paar Vögel heraus, und drinnen blieb nichts mehr. Da ging der Ärmste sehr betrübt wieder heim.

Nun sprach der Jüngste zum Vater: «Jetzt möchte ich ins Dorf gehen. Schickt mich hin, und ihr werdet sehen, wie ich Glück haben werde.» Die beiden älteren lachten ihn aus, und sagten: «Was willst du denn, du Dummkopf! Wenn es uns schon schlecht ergangen ist, so ergeht es dir doch noch schlimmer.» Der Vater aber ließ ihn gehen und gab ihm einen Korb mit Trauben, die er im Dorf verkaufen sollte. Unterwegs begegnete der Bursche derselben alten Frau, die ihn fragte: «Was verkaufst du?» Er sagte: «Ich verkaufe Trauben. Wollt Ihr ein paar haben?» Sie antwortete ihm: «Nein danke. Viele Trauben sollst du verkaufen.» Der Bursche kam im Dorf an, und begann seine Trauben zu verkaufen, und je mehr er verkaufte, desto mehr fanden sich im Korb. Er verkaufte so lange davon, bis er viele Beutel voll mit Geld gefüllt hatte, und dann ging er damit zu seinem Vater nach Hause. Auf dem Heimweg wollte er auf seinem Dudelsack spielen, den er noch immer mit sich trug, da begegnete er der alten Frau, die sagte zu ihm: «Spiel den Dudelsack nicht, bevor du zu Hause bist, mein Junge.»

Als der Bursche zu Hause ankam, traten seine beiden Brüder und der Vater heraus, ihn zu empfangen. Und der

decía: – Otra por cierto. Ya se habrá metido este tonto en otra. Y llegó el muchacho y les dijo: – Traigo muchos reales, padre, tantos que se pegan a la cesta y no se pueden salir; y otros traigo en taleguillos, que tampoco se pueden sacar. Y dijo el padre: – Pues, ¿cómo nos vamos a arreglar pa sacar el dinero de la cesta y de los taleguillos? – No se apure, usté, padre, – le dijo el chico. Ya verá usté. Y escomenzó a tocar la gaita y escomenzaron a salir bailando las perras y los reales de la cesta y de los taleguillos. Y así estuvo tocando la gaita hasta que salió todo el dinero y quedaron ricos.

Conque con eso ya sus hermanos le querían mucho. Y el padre les dijo: – Ahora, vamos a hacer una casa con este dinero. Y hicieron una casa muy bonita con el dinero. Y la hicieron tan bonita que nos les quedó nada dinero y les dijo el padre: – Pues ahora tenemos que salir por el mundo alante a hacer la vida. Y los hermanos mayores, como que siempre estaban con la envidia, se fueron solos y el menor se fué con el padre por otro lao.

Y el menor y el padre se fueron por los pueblos vendiendo aceite. Y vendieron todo el aceite y siempre por el aceite cobraban güevos*. Y de contento que estaba el chico le dijo a su padre: – Padre, ya que hemos vendido todo el aceite y traemos tantos güevos voy a tocar la gaita. Y escomenzó a tocar la gaita y escomenzaron los güevos a bailar en las cestas. Y el padre le dijo: – Por Dios, hijo, que no toques la gaita. ¿No ves que los güevos bailan y se van a romper todos? – No se apure usté, padre, – le dijo el hijo. Y

Vater sagte: «Noch ein Reinfall. Bestimmt hat dieser Narr wieder eine Dummheit gemacht.» Da tritt der Bursche zu ihnen, und sagt: «Ich bringe viele Taler mit, Vater, so viele, daß sie im Korb eingeklemmt sind und nicht herauskönnen, und noch mehr habe ich hier in den Beuteln, die kann man auch nicht herausholen.» Da sagte der Vater: «Ja, wie stellen wir es bloß an, daß wir das Geld aus dem Korb und den Beuteln herauskriegen?» «Nur keine Sorge, Vater», sprach der Junge zu ihm, «Ihr werdet gleich sehen», und er fing auf dem Dudelsack zu spielen an, und da kamen auch schon die Groschen und Taler aus dem Korb und den Beuteln herausgetanzt. Er spielte so lange, bis das ganze Geld heraus war, und sie reich geworden waren.

Da die Dinge so standen, mochten ihn nun seine Brüder sehr gerne. Der Vater sagte zu ihnen: «Mit dem Geld bauen wir uns jetzt ein Haus.» Und sie bauten sich mit dem Geld ein sehr schönes Haus. So schön bauten sie es, daß ihnen von dem Geld nichts mehr blieb. Da sagte der Vater: «Jetzt müssen wir losziehen und uns das Brot verdienen.» Die älteren Brüder gingen alleine los, denn sie waren immer neidisch, und der Jüngste zog mit dem Vater in die andere Richtung fort.

Der Jüngste zog mit dem Vater von Dorf zu Dorf und verkaufte Öl. Sie verkauften ihr ganzes Öl, und verlangten dafür immer Eier. Und vor lauter Freude sagte der Bursche zum Vater: «Vater, jetzt wo wir das ganze Öl verkauft haben, und so viele Eier mitbringen, will ich etwas auf dem Dudelsack spielen.» Und als er anfing auf dem Dudelsack zu spielen, fingen die Eier in den Körben zu tanzen an. Der Vater sagte: «Um Gottes Willen, Sohn, laß bloß das Spielen sein. Siehst du denn nicht, daß die Eier tanzen? Alle werden zerbrechen.» «Nur keine Sorge, Vater», antwortete der Sohn. Und er spielte weiter auf

seguía tocando la gaita y los güevos a bailar en las cestas. – No, hijo, no toques, que se rompen. – No se apure, usté, padre, que no se rompen. Y venga a tocar la gaita y vengan a bailar los güevos, hasta que también el padre y el hijo escomenzaron a bailar. Y así estuvieron bailando el padre y el hijo y los güevos en las cestas hasta que el muchacho se aburrió.

Y ya llegaron a casa. Y tantos eran los güevos que había en las cestas que no los podían sacar. Y dijo el padre: – Pero, ahora, ¿cómo nos arreglaremos pa sacar tantos güevos de las cestas? Y el muchacho escomenzó a tocar la gaita y los güevos escomenzaron a salir de las cestas hasta que salieron todos. Y el muchacho decía: – Con esto ya nos podemos ganar la vida. Y ya se fueron a vender los güevos. Y cuantos más vendían más salían de las cestas. Y se hicieron ricos.

Y después los dos hermanos mayores volvieron y no trajeron nada. Volvieron más pobres que nunca. Y de envidia que le tenían al menor le quitaron la gaita. Y ya al menor no le hacía falta porque ya estaban ricos él y su padre. Y salieron ellos con la gaita tocando pa ver si se hician ricos ellos también. Pero no pasaba nada. La gaita sólo al chico le servía.

dem Dudelsack, und die Eier tanzten in den Körben. «Nicht, Junge, hör doch auf zu spielen. Die brechen alle». «Nur keine Sorge, Vater, die brechen nicht.» Er hörte überhaupt nicht mehr auf zu spielen, und die Eier nicht auf zu tanzen, bis auch Vater und Sohn zu tanzen anfingen. Und so tanzten der Vater und der Sohn und die Eier in den Körben, bis es dem Jungen schließlich langweilig wurde.

Dann kamen sie zu Hause an. So viele Eier waren in den Körben, daß sie sie nicht herausnehmen konnten. Da sagte der Vater: «Wie kriegen wir denn jetzt so viele Eier aus den Körben?» Da fing der Bursche auf dem Dudelsack zu spielen an, und die Eier sprangen nach und nach aus den Körben heraus, bis alle draußen waren. Der Junge sagte: «Damit können wir uns unser Brot verdienen.» Da gingen sie los, um die Eier zu verkaufen. Und je mehr sie verkauften, desto mehr kamen aus den Körben. So wurden sie reich.

Als später die beiden älteren Brüder heimkehrten, kamen sie mit leeren Händen, ja ärmer als je zuvor. Und aus Neid gegen den Jüngsten nahmen sie ihm den Dudelsack weg. Doch dieser brauchte ihn jetzt nicht mehr, denn er und sein Vater waren reich geworden. Da zogen die beiden Brüder los und spielten auf dem Dudelsack und wollten auch reich werden. Doch ihnen brachte er kein Glück. Nur der Jüngste konnte mit ihm etwas anfangen.

La mona encantada

Die verzauberte Äffin

Éste era un rey que tenía tres hijos. Un día llamó a sus hijos y les dijo que, como ya era muy viejo, quería dejar su corona a uno de ellos. Y les dijo:

– Quiero que os marchéis por el mundo; y el que mejor regalo me presente, se gana la corona.

– Pues, ¿qué regalo quiere usted que le traigamos? – le preguntaron.

– Una palangana. El que me presente la mejor palangana se gana la corona.

Y se marcharon los tres. Cada hijo cogió un caballo y se marchó cada uno por distinto camino. Los dos mayores la encontraron de seguía. Y al más pequeño se le hizo de noche. Y a fuerza de andar vió una luz a lo lejos. Y se acercó a ella, llamó a la puerta, y salió a recibirle una mona, que era la criada del caserío. Y la dijo:

– ¿Me podría hospedar aqui esta noche?

Y al mismo tiempo la mona llamó a la señorita:

– Señorita, que aquí hay un caballero, que si le podemos hospedar esta noche.

Es war ein König, der hatte drei Söhne. Eines Tages rief er seine Söhne und sagte ihnen, er sei nun sehr alt, und darum wolle er einem von ihnen die Krone übergeben. Und so sprach er zu ihnen:

«Ich möchte, daß ihr in die Welt hinausgeht, und wer mir das beste Geschenk bringt, der soll die Krone bekommen.»

«Ja, was für ein Geschenk sollen wir Euch denn bringen?» fragten sie ihn.

«Ein Waschbecken. Wer mir das schönste Waschbekken bringt, bekommt die Krone.»

Alle drei brachen auf. Jeder Sohn nahm ein Pferd, und jeder ritt auf einem anderen Weg davon. Die beiden älteren fanden sehr bald ein Waschbecken. Über den Jüngsten aber brach die Nacht herein. Nach langem Reiten bemerkte er in der Ferne ein Licht. Er ritt darauf zu und klopfte an das Tor. Da trat eine Äffin heraus, die empfing ihn. Sie war die Dienstmagd auf dem Gut. Er sagte zu ihr:

«Könnt Ihr mir für die Nacht Unterkunft gewähren?»

Sogleich rief die Äffin das gnädige Fräulein:

«Gnädiges Fräulein, hier steht ein Ritter und fragt, ob wir ihn diese Nacht beherbergen können.»

Y salieron unas cuantas de monas, porque en aquella casa todos eran monos y monas.

– ¡Que pase! ¡Que pase! – dijo la señorita.

Llamó a los criados y dijo:

– ¡Recoger el caballo de ese caballero y lo arreglen ustedes!

Y a las criadas las dijo:

– Preparadle la cena.

Y pusieron una rica mesa, elegantemente vestida, con buenos manjares. Después de cenar, estuvieron jugando al tresillo. Y cuando terminaron de jugar, la señorita dijo a la criada:

– Conducirle a su habitación.

A la mañana siguiente se levantó muy de* temprano y le dijo la criada:

– Señorito, ¿cómo se levanta usted tan pronto?

– Porque traigo un encargo y tengo que andar el camino.

– Espere usted que se levanten las señoritas. ¡Señoritas! ¡Que se va el forastero!

– ¡Ah! ¡Espere usted que se desayune, señorito! No se vaya usted.

– Traigo un encargo que hacer y tengo que buscarlo.

– Y, ¿qué encargo tiene usted que hacer? Aquí se lo podremos dar.

– Pues, soy el hijo del rey – dice –. Somos tres hermanos. Y nos ha dicho mi padre que el que la mejor palangana le presentemos, que ganamos la corona.

Entonces la señorita llamó a la criada y la
48 dijo:

49 – Trae el bebedero más viejo del corral de las

Da kamen einige Äffinnen heraus. In diesem Haus waren nämlich lauter Affen und Äffinnen.

«Er soll hereinkommen», sagte das gnädige Fräulein.

Sie rief nach den Knechten, und befahl:

«Holt das Pferd des Ritters herein und kümmert euch darum!»

Und den Mägden befahl sie:

«Bereitet das Abendessen.»

Man trug reiche Gedecke auf, mit vornehmen Tischtüchern und leckeren Gerichten. Nach dem Mahl spielten sie noch Karten. Als sie zu spielen aufhörten, sagte das Fräulein zur Magd:

«Führ ihn auf sein Zimmer.»

Am nächsten Morgen stand er sehr früh auf; da sagte die Magd zu ihm:

«Gnädiger Herr, warum wollt Ihr denn so früh aufstehen?»

«Ich habe einen Auftrag auszuführen und noch einen langen Weg vor mir.»

«Wartet doch, bis die Fräulein aufstehen. – Gnädige Fräulein! Der Fremde will gehen!»

«Oh, wartet bis zum Frühstück, gnädiger Herr! Geht nicht fort.»

«Ich habe einen Auftrag und muß ihn unbedingt erledigen.»

«Was für einen Auftrag habt Ihr? Sicher können wir Euch helfen.»

«Nun, ich bin ein Sohn des Königs. Wir sind drei Brüder. Unser Vater hat gesagt, daß derjenige, welcher ihm das schönste Waschbecken bringt, die Krone bekommt.»

Darauf rief das Fräulein nach der Magd und sagte zu ihr:

«Hol den allerältesten Trinknapf aus dem Hühner-

gallinas. Y envuélvesele en unos papeles y dásele al señorito.

Le trajo la criada, y la señorita se le entregó al joven.

– Téngalo usted, caballero, y váyase usted a casa.

Y él, sin decir nada, lo cogió y se marchó. Y marchaba muy triste, pensando en que llevaba el bebedero más viejo de las gallinas. Al llegar a una fuente, se bajó de su caballo y, pensando en que llevaba un bebedero tan malo, le desenvolvió. Y vió que era una palangana preciosa, llena de perlas, esmeraldas, rubís, topacios y brillantes. Y al ver que era tan preciosa, montó en su caballo y iba muy contento.

Al llegar a su casa presentó su regalo a su padre y se encontró que sus hermanos habían presentado cada uno una palangana más inferior a la suya. Y le dijo su padre:

– La tuya es la mejor. Pero todavía no te has ganado la corona. Ahora tenéis que traerme una toalla. El que me presente la mejor toalla, se gana la corona.

Y montando de* a caballo, como la vez anterior, cada uno se marchó por distinto camino. Y el menor se fue por el mismo camino que antes. Él, que no quería ir por aquel camino; pero el caballo no quería salir de él y siempre iba por el mismo. Y se le hizo de noche, y tuvo que volver por el mismo sitio que la vez anterior, porque el caballo no quería pasar de alli. Llamó a la puerta, salió la misma criada, y dijo:

50 – ¡Señoritas, el señorito del otro día está
51 aquí!

stall, wickle ihn in Papier ein und gib ihn dem jungen Herrn.»

Die Magd brachte ihn, und das Fräulein übergab ihn dem Jüngling.

«Hier habt Ihr ihn, Ritter, und nun geht nach Hause.»

Er nahm ihn, ohne zu antworten, und ging fort. Ganz traurig ritt er zurück, immerzu dachte er daran, daß er den ältesten Hühnernapf heimtrug. Als er an eine Quelle gelangte, stieg er vom Pferd, und in dem Glauben, er habe einen sehr häßlichen Napf, packte er ihn aus. Da sah er, daß es ein herrliches Waschbecken war, besetzt mit Perlen, Smaragden, Rubinen, Topasen und Brillanten. Und da er nun wußte, wie herrlich das Becken war, stieg er auf sein Pferd und ritt sehr zufrieden weiter.

Als er zu Hause ankam, zeigte er sein Geschenk dem Vater, und es stellte sich heraus, daß jeder seiner Brüder ein nicht so schönes Waschbecken mitgebracht hatte. Da sagte ihm sein Vater:

«Deines ist das schönste. Aber noch hast du die Krone nicht gewonnen. Jetzt müßt Ihr mir ein Tuch bringen. Und wer mir das schönste Tuch bringt, der bekommt die Krone.»

Sie stiegen auf ihre Pferde, und wie beim letzten Mal ritt jeder auf einem anderen Weg davon. Der Jüngste geriet auf den selben Weg wie damals. Er wollte ihm nicht folgen, doch sein Pferd mochte nicht davon abweichen, es war nicht davon abzubringen. Es wurde Nacht, und da mußten sie am selben Ort einkehren wie beim vorigen Mal, denn das Pferd wollte von dort nicht mehr weiter. Als er an das Tor klopfte, kam die selbe Magd heraus, und rief:

«Gnädiges Fräulein, der junge Herr von neulich ist hier!»

– ¡Que pase! ¡Que pase! Y, ¡dile al criado que recoja el caballo y que lo arregle!

– Perdonen ustedes, que el caballo no ha querido ir por otro camino. Y se me ha hecho de noche, y vengo a que me den ustedes posada como el otro día.

Le pusieron la cena como la noche anterior. Y después de cenar, estuvieron jugando al tresillo hasta acostarse.

Al día siguiente se levantó muy temprano, y le dijo la criada:

– ¿Como se levanta usted tan pronto, señorito?

– Porque tengo que hacer un encargo y tengo que buscarlo.

– Pues aquí se lo darán las señoritas, como el otro día.

– No, señora, no es cosa que ustedes me puedan dar. Es cosa más pesada.

– ¡Señoritas, que se va el señorito!

Y salieron y le dijeron:

– Pues, ¿qué encargo tiene usted que hacer? ¿Qué desea usted? Aquí lo encontrará usted todo.

– Una toalla que le tenemos que presentar a mi padre para ganar la corona. Nos ha dicho que el que presente la mejor toalla se gana la corona.

Llamaron a la criada, y la dijo la señorita:

– Trae la rodilla más sucia que hay en la cocina.

Se la trajeron y se la envolvieron en unos papeles. Se la entregó la señorita, diciéndole:

– Téngala usted, señorito, y váyase para casa.

«Er soll hereinkommen! Und sag dem Knecht, er soll ihm das Pferd abnehmen und es versorgen!»

«Verzeiht. Aber das Pferd wollte keinen anderen Weg nehmen, und da hat uns die Nacht überrascht, und jetzt komme ich wie neulich hierher und bitte um Unterkunft.»

Man trug das Abendessen genauso auf wie beim letzten Mal. Danach machten sie sich ans Kartenspielen und spielten, bis sie zu Bett gingen.

Am nächsten Tag stand er sehr früh auf. Da sagte die Magd zu ihm:

«Wie kommt es, daß Ihr so früh aufsteht, junger Herr?»

«Ich habe einen Auftrag und muß ihn unbedingt ausführen.»

«Die gnädigen Fräulein werden Euch wie neulich helfen.»

«Nein, gnädige Frau, es ist nichts, das ihr mir geben könntet. Es ist eine schwierigere Angelegenheit.»

«Gnädige Fräulein, der junge Herr will gehen.»

Da traten sie heraus und sagten:

«Ja was habt Ihr denn für einen Auftrag? Was wollt Ihr haben? Hier findet Ihr alles!»

«Ein Tuch, das müssen wir dem Vater bringen, wenn wir die Krone haben wollen. Er hat gesagt, daß der, welcher ihm das schönste Tuch bringt, die Krone bekommt.»

Die Magd wurde gerufen, und das Fräulein sagte:

«Hol den schmutzigsten Wischlappen, den es in der Küche gibt.»

Der wurde gebracht und in etwas Papier eingewickelt. Das Fräulein reichte ihn ihm, und sprach dabei:

«Hier habt Ihr es, junger Herr, und nun geht nach Hause.»

Y él, muy pensativo, se iba para casa. Al llegar a la fuente, se bajó de su caballo y, pensando en que llevaba una rodilla sucia, desenvolvió los papeles. Y se encontró con que era una toalla de damasco preciosísima.

Volvió a montarse a caballo y, al llegar a casa, enseñó la toalla a su padre. Y era mucho mejor que las de los hermanos mayorés. Y le dijo el padre:

– La tuya es la mejor. Pero todavía no te has ganado la corona. Ahora el que mejor novia traiga, se casará con ella y ganará la corona.

Montaron de a caballo al día siguiente, y cada uno se marchó por distinto camino. Y el menor se fue por el mismo camino que antes, porque . . . él no quería ir por allí, pero el caballo no quería salir de aquel camino. Al llegar al mismo sitio, llamó, y salió la criada:

– ¡Señoritas, el señorito del otro día!

– ¡Dile que pase! ¡Y di al criado que recoja el caballo y que lo arregle! Y, ¡que pase!

Pusieron la mesa como noches anteriores. Cenaron, jugaron al tresillo y le recibieron en la misma habitación que las noches anteriores. En toda la noche no pudo dormir, pensando en que era cosa más pesada que las otras.

Al día siguiente se levantó más temprano que los dias anteriores y le dijo la criada:

– ¿Por qué se levanta usted tan pronto, señorito?

– Porque traigo hoy una cosa más pesada que las de los días anteriores.

– Pues espere usted a que se levanten las señoritas. ¡Señoritas, que se va el señorito!

Da machte er sich, sehr in Gedanken versunken, auf den Heimweg. Als er die Quelle erreichte, stieg er vom Pferd, und in dem Glauben, er habe einen schmutzigen Wischlappen, packte er das Papier auf, und fand ein Tuch aus Damast von sehr großem Wert.

Er stieg wieder auf sein Pferd, und zu Hause angekommen zeigte er das Tuch seinem Vater. Es war sehr viel schöner als die Tücher seiner älteren Brüder. Da sagte sein Vater zu ihm:

«Deines ist das schönste. Aber noch hast du die Krone nicht gewonnen. Wer jetzt die schönste Braut bringt, soll sie zur Frau bekommen und auch die Krone haben.»

Am nächsten Tag stiegen sie wieder auf ihre Pferde, und jeder ritt auf einem anderen Weg davon. Der Jüngste ritt den selben Weg wie zuvor, weil – nun, er mochte nicht dorthin, doch sein Pferd wollte von diesem Weg nicht abweichen. Als er wieder am selben Ort ankam, und rief, trat die Magd heraus:

«Gnädige Fräulein, der junge Herr von neulich!»

«Sag ihm, er soll hereinkommen! Und dem Knecht sag, er soll ihm das Pferd abnehmen und es versorgen! Er soll doch bitte hereinkommen!»

Man deckte den Tisch wie an den Abenden zuvor. Man speiste, spielte Karten, und beherbergte ihn im selben Zimmer wie zuvor. Während der ganzen Nacht konnte er kein Auge zutun, denn er dachte, diesmal habe er ein schwierigeres Geschäft als die Male vorher.

Am nächsten Tag stand er früher auf als an den anderen Tagen. Da sagte die Magd zu ihm:

«Warum steht Ihr so früh auf, junger Herr?»

«Weil ich heute ein schwierigeres Geschäft habe als die vorherigen Male.»

«So wartet doch, bis die gnädigen Fräulein aufstehen. Gnädige Fräulein, der junge Herr will gehen.»

– ¡Que espere un momento, que vamos ahora mismo!

Bajaron al poco tiempo.

– ¿Cómo se va usted tan pronto?

– Porque traigo una cosa muy pesada y tengo que andar el camino.

– Pues, nos diga usted, que aquí lo encontrará usted todo.

– ¡Ay, no, señora! ¡No, señora! Usted perdone, pero eso no puede ser.

– ¡Sí, sí! ¡Digalo usted, que aquí lo encontrará usted todo! Pues, ¿qué? ¿No les han gustado a ustedes los regalos de los días anteriores?

– Si, señora; han sido los mejores. Pero éste es muy pesado.

– Pues, ¡dígalo usted!

– Pues, nos ha dicho – dice – que el que mejor novia llevemos, nos casaremos con ella y nos ganaremos la corona.

La señorita llamó a la criada y la dijo:

– Llama a la mona más fea que haya en la casa.

Y se presentó la más fea. Y dijo a los criados:

– Aparejar nuestros carruajes, y montarnos todos para ir a celebrar las bodas.

Todos eran monos y monas. El joven cogió su caballo y volvía con ellos. Y allí iba muy disgustado. Pero al llegar a la fuente, se pararon a merendar. Y se volvieron coches y señoritas, todos muy elegantes y muy majos, todos muy bonitos.

Cuando llegaron al palacio, los dos hermanos mayores ya estaban allí. Y se creían que no las
56 habría más bonitas que las suyas. Y al subir por
57 las escaleras, el joven la subía del brazo, y, detrás,

«Er soll einen Augenblick warten, wir kommen sofort!»

Wenig später kamen sie herunter.

«Wie kommt es, daß Ihr so früh aufbrecht?»

«Ich habe heute ein sehr schwieriges Geschäft und einen weiten Weg.»

«So sagt es uns, denn hier findet Ihr alles.»

«Ach nein, gnädige Frau! Verzeiht, aber es ist unmöglich!»

«Doch, gewiß, sagt es nur, hier findet Ihr alles. Nun, was denn? Haben Euch etwa die Geschenke von den vorigen Malen nicht gefallen?»

«Doch, gnädige Frau, es waren die schönsten. Aber dieses Mal ist es sehr schwierig.»

«Nun, dann sagt es doch!»

«Nun, er hat uns gesagt», sagte er, «wer die schönste Braut mitbringt, der kriegt sie zur Frau und bekommt die Krone.»

Das Fräulein rief die Magd und sagte zu ihr:

«Ruf die häßlichste Äffin, die im Hause ist.»

Da stellte sich die häßlichste vor. Und das Fräulein sagte zu den Knechten:

«Macht unsere Karren zurecht und laßt uns alle zur Hochzeitsfeier fahren!»

Es waren ja lauter Affen und Äffinnen! Der Jüngling bestieg sein Pferd und brach mit ihnen auf. Dabei fühlte er sich nicht wohl in seiner Haut. Doch als sie die Quelle erreichten, hielten sie an, um zu vespern. Und da verwandelte sich alles in Kutschen und junge Damen, alle sehr vornehm und sehr schmuck, alle sehr schön.

Als sie beim Palast ankamen, waren die beiden Brüder schon dort. Sie glaubten, es gäbe keine schöneren Bräute als ihre. Wie sie die Treppen hinaufstiegen, faßte der Jüngling die seine am Arm, und dahinter kamen die

subían todas las señoritas muy elegantemente vestidas, muy majas, muy bonitas todas. Y cuando el rey vió a la princesa que venía con él, le dijo:

– Tú te has ganado la corona por haberme presentado los mejores regalos y la mejor novia. Te casarás con ella, y ella será la reina.

Se casaron, vivieron felices y comieron perdices, y a mí no me dieron porque no quisieron.

Damen, alle in sehr vornehmen Kleidern, sehr schmuck und alle sehr schön. Und als der König die Prinzessin sah, die er mitbrachte, sagte er:

«Du hast die Krone gewonnen, denn du hast mir die schönsten Geschenke gebracht und die hübscheste Braut. Du bekommst sie zur Frau, und sie wird die Königin sein.»

Sie heirateten, lebten glücklich und aßen Rebhühner. Mir gaben sie davon nichts ab, sie wollten nicht.

El Castillo de Oropé

Das Schloß von Orope

Éste era un padre que tenía tres hijas. Y su oficio era de escobero. Y un día salió a coger escobas y le salió un hardacho* y le dijo: – Oye, tú puedes escoger de aquí todas las escobas que quieras con tal de que me traigas a tu hija pequeña. Y el escobero se lo promentió.

Y llegó el escobero a su casa y le mandó a la mayor que se fuera con él pa la casa del hardacho. Y cuando el hardacho la vió dijo que no, que ésa no le convenía, que trajera a la más pequeña. Y volvió el escobero a su casa con la hija y le mandó a la mediana que fuera con él. Pero el hardacho cuando la vió dijo que no, que ésa tampoco le convenía, que se fuera y volviera con la más pequeña. Y entonces el padre le dijo a la más pequeña que no había más remedio que ir ella porque se lo había prometido al hardacho. Y fué ella con su padre y se casó con el hardacho.

Y cuando se fueron a acostar el hardacho se quitó la piel de hardacho y era un hermoso príncipe y la novia estaba muy contenta. Pero todos los días cuando se levantaba se ponía la piel de hardacho. Y a su mujer le dijo que no le dijera

Es war einmal ein Vater, der hatte drei Töchter. Von Beruf war er Besenbinder. Eines Tages ging er hinaus, um Reisig zu sammeln. Da tauchte ein großes Eichhorn vor ihm auf und sagte: «Hör mal, du kannst hier so viel Reisig sammeln wie du willst, aber du mußt mir deine jüngste Tochter bringen.» Der Besenbinder versprach ihm das.

Als er zu Hause angekommen war, befahl er seiner Ältesten, mit ihm zur Wohnung des Eichhorns zu gehen. Doch sobald dieses sie sah, sagte es: nein, diese wollte es nicht, sondern die Jüngste. Der Besenbinder ging wieder heim und sagte zur Mittleren, sie solle mit ihm kommen. Aber als das Eichhorn sie sah, wollte es diese auch nicht. Er solle heimgehen und mit der Jüngsten wiederkommen. Darauf sagte der Vater zur Jüngsten, daß es keinen Ausweg mehr gebe, sie müsse nun gehen, denn er habe es dem Eichhorn versprochen. Da ging sie mit dem Vater und wurde die Frau des Eichhorns.

Als sie zu Bett gehen wollten, zog das Eichhorn sich das Fell aus und war ein schöner Prinz, und die Braut war sehr froh. Doch alle Tage, wenn er aufgestanden war, zog er sich wieder das Eichhornfell über. Er ermahnte seine Frau, niemandem das Geheimnis zu verraten, und um

a nadie el secreto y que por nada del mundo le fuera a perder la piel de hardacho que se quitaba todas las noches al acostarse. Y las dos hermanas mayores se burlaban de ella y le decían: – ¡Calla, tú! ¡Si te has casao con un hardacho! ¡Quién vive casada con un hardacho! Y ella se callaba y no decía nada porque sabía que estaba casada con un hermoso príncipe.

Pero un día de tanta burla que le hacían les dijo que su marido era un hermoso príncipe y que se quitaba la piel de hardacho cuando se acostaba. Y entonces le dijeron sus hermanas: – Pues, mira, esta noche cuando se acueste y se duerma le quitas la piel de hardacho y vas y se la quemas. Y así lo hizo. Luego que se acostó y se durmió fué y se llevó la piel de hardacho y la quemó. Y cuando él despertó y vió que le faltaba su piel le preguntó donde estaba y ella le dijo que se la había quemao. Y él le dijo: – Pues ahora ya estoy desencantao, pero tú tendrás ahora que irte de peregrina. Toma este vestido de peregrina y estos zapatos de hierro. Y porque me has desencantao antes de tiempo no puedes volver a mí hasta que estos zapatos no se acaben, y tienes que ir a buscar el Castillo de Oropé.

Y le dió ella un abrazo a su marido y se fué. Y primero llegó a una casa que era un convento de monjas. Y llamó en la puerta y salió una monja y la joven le preguntó si le podía dar razón donde podría encontrar el Castillo de Oropé. Y la monja le dijo que no, que no sabía, pero le dió una bellota y le dijo: – Vaya usté con esta bellota por el mundo en busca del castillo y cuando se vea apurada la rompe. Y fué más allá y se encontró

nichts auf der Welt das Fell, das er sich jede Nacht ausziehe, zu verlieren. Die beiden älteren Schwestern machten sich über sie lustig und sagten zu ihr: «Du halt den Mund! Du hast ein Eichhorn geheiratet! Wer lebt schon mit einem Eichhorn verheiratet!»

Doch sie schwieg und sagte nichts drauf, weil sie wußte, daß sie einen schönen Prinzen zum Mann hatte.

Eines Tages aber, wie die Schwestern sie so arg neckten, sagte sie ihnen, ihr Mann sei ein schöner Prinz, der sich das Eichhornfell ausziehe, wenn er zu Bett gehe. Darauf sprachen ihre Schwestern: «Hör mal, wenn er sich heute nacht hingelegt hat und schläft, nimmst du ihm das Fell weg und verbrennst es.» Und das tat sie auch. Als er sich hingelegt hatte und eingeschlafen war, schlich sie zu ihm, ergriff das Fell und verbrannte es. Als er aufwachte und sah, daß sein Fell nicht da war, fragte er sie danach, und sie sagte ihm, sie habe es verbrannt. Da antwortete er: «Nun bin ich zwar vom Zauber erlöst, aber du mußt jetzt als Pilgerin umherziehen. Nimm dieses Pilgerkleid und diese eisernen Schuhe. Weil du mich vor der Zeit erlöst hast, kannst du nicht zu mir zurückkehren, bevor nicht diese Schuhe durchgelaufen sind. Und nun mußt du das Schloß von Orope suchen gehen.»

Da umarmte sie ihren Mann und ging los. Zunächst kam sie an ein Haus, das war ein Nonnenkloster. Als sie an die Tür klopfte, trat eine Nonne heraus, die fragte sie, ob sie ihr erklären könne, wo das Schloß von Orope zu finden sei.

Die Nonne antwortete, sie wisse es nicht, aber sie gab ihr eine Eichel und sagte: «Zieht mit dieser Eichel durch die Welt, und sucht das Schloß von Orope, und wenn Ihr in Not seid, brecht sie auf.» Dann zog die junge

con otra casa y llamó en la puerta. Y esta casa era un convento de frailes y salió un fraile y le preguntó ella si le podían dar razón donde estaba el Castillo de Oropé. Y el fraile le dijo que no, que no sabían, pero le dió una nuez y le dijo: – Vaya usté por el mundo en busca de ese castillo y cuando se vea apurada la rompe. Y se fué ella por su camino en busca del castillo.

Y caminando, caminando, llegó a la casa de la luna. Y llamó en la puerta y preguntó por el Castillo de Oropé. Y salió la hechicera que guardaba la casa y le dijo: – No sé, pero espere usté a que vengan la luna y sus hijas y tal vez ellas sepan darle razón. Pero, escóndase usté en esa tinaja, que la luna se la come cuando llegue. Y se metió la joven en una tinaja y estuvo esperando ai un rato, cuando llegaron las lunitas. Y la hechicera les dijo que ai estaba una joven que preguntaba por el Castillo de Orropé y que si sabían ellas donde era. Y las lunitas dijeron que no, que ellas no sabían pero que tal vez su madre, la luna, lo supiera. Y estuvieron esperando mucho, hasta que llegó la luna y le dijo a la hechicera: – ¡Fo, fo, fo! ¡A carne humana me huele aquí! ¡Si no me la das te como a ti! Y la hechicera le dijo a la luna que era una pobre joven que venía preguntando por el Castillo de Oropé. Y la luna le dijo que no, que ella no sabía, pero que tal vez su primo, el sol lo sabría. Y se fué la joven a buscar al sol.

Y caminando, caminando, llegó al fin a la casa del sol y llamó a la puerta. Y salió otra hechicera y le preguntó qué quería. Y ella pidió posada y le dijo que venía en busca del sol pa ver si le daba

Frau weiter, und kam an ein anderes Haus und klopfte an das Tor. Dies war ein Mönchskloster. Ein Mönch trat heraus, und sie fragte ihn nach dem Schloß von Orope. Der Mönch antwortete, daß das hier unbekannt sei, aber er gab ihr eine Nuß und sagte: «Zieht durch die Welt, und sucht das Schloß, und wenn Ihr in Not geratet, so knackt die Nuß auf.» Dann ging sie weiter auf der Suche nach dem Schloß von Orope.

Nachdem sie sehr lange gewandert war, kam sie an das Haus der Frau Mond. Sie klopfte an die Tür, und fragte nach dem Schloß von Orope. Da trat die Zauberin, die das Haus hütete, heraus, und sagte: «Ich weiß es nicht, aber wartet, bis die Frau Mond und ihre Töchter kommen. Vielleicht können sie Euch eine Antwort geben. Doch versteckt Euch in diesem Krug, sonst frißt Euch die Frau Mond, wenn sie hereinkommt.» Da schlüpfte die junge Frau in den Krug und wartete dort eine kleine Weile, bis die Mondmädchen kamen. Die Zauberin erklärte ihnen, daß da eine junge Frau sei, die den Weg zum Schloß von Orope wissen wolle, und ob sie nicht wüßten, wo das sei. Die Mondmädchen sagten: nein, sie wüßten es nicht, aber vielleicht wisse es ihre Mutter! Nun dauerte es lange, bis endlich die Frau Mond kam. Sie sagte zur Zauberin: «Hu, hu, hu! Hier riecht's nach Menschenfleisch! Wenn du mir's nicht gibst, fress ich dich!» Die Zauberin sagte zur Frau Mond, es sei eine arme junge Frau, die sich nach dem Schloß von Orope erkundigte. Die Frau Mond antwortete, sie wisse es nicht, aber vielleicht wisse es ihr Vetter, der Herr Sonn. Da ging die junge Frau weiter, den Herrn Sonn suchen.

Nachdem sie sehr lange gewandert war, erreichte sie schließlich das Haus des Herrn Sonn und klopfte an die Tür. Wieder kam eine Zauberin heraus, und fragte, was sie wolle. Sie bat um Herberge und sagte, sie sei auf der

razón donde era el Castillo de Oropé. Y la hechicera le dijo: – Entra y escóndete en esa tinaja, porque cuando llegue el sol te come. Y se escondió ella en una tinaja pa esperar a que llegara el sol. Y después de esperar un rato llegaron los hijos del sol y les preguntó la hechicera si sabían dónde era el Castillo de Oropé. Y ellos dijeron que no lo sabían, pero que suguramente su padre, el sol, lo sabría. Y esperaron otro rato hasta que llegó el sol alumbrando por todas partes y dijo: – ¡Fo, fo, fo! ¡A carne humana me huele! ¡Si no me la das te como! Y la hechicera le dijo que no se la comiera, que no era más que una pobre niña que venía preguntando por el Castillo de Oropé, y que venía de parte de su prima, la luna. Y el sol entonces le dió una carta escrita de parte de él al aire, porque ése sí sabía donde estaba el Castillo de Oropé.

Y se fué la niña a buscar la casa del aire. Y llegó y llamó a la puerta. Y salió la hechicera que guardaba la casa y le preguntó qué quería. Y ella le entregó la carta del sol y le dijo que buscaba el Castillo de Oropé. Y entonces la hechicera le dijo: – Escóndase usté en esa tinaja, que cuando venga el aire va a querer comérsela. Y otra vez se escondió ella en una tinaja.

Y a poco llegaron los airecitos y les preguntó la hechicera que si sabían ellos donde estaba el Castillo de Oropé. Y ellos dijeron que muchas veces habían oído a su padre, el aire, hablar de ese castillo pero que ellos nunca le habían visitao. Y a poco llegó el aire soplando todo alante. Y cuando entró dijo: – ¡Fo, fo, fo! ¡A carne humana me huele! ¡Si no me la

Suche nach dem Herrn Sonn, damit dieser ihr erkläre, wo das Schloß von Orope zu finden sei. Die Zauberin sprach zu ihr: «Komm herein und versteck dich in diesem Krug, sonst frißt dich der Herr Sonn auf, wenn er kommt.» Da versteckte sie sich in einem Krug und wartete auf den Herrn Sonn. Nach einer Weile kamen die Sonnensöhne, und die Zauberin fragte sie nach dem Schloß. Sie sagten aber, daß sie es nicht wüßten, doch ihr Vater, der Herr Sonn, wisse es ganz gewiß. Nun dauerte es eine Weile, da kam der Herr Sonn, der alles erleuchtete, und sagte: «Hu, hu, hu! Es riecht nach Menschenfleisch! Wenn du mir's nicht gibst, fress ich dich!» Da sagte die Zauberin zu ihm, er solle sie doch nicht fressen, es sei bloß eine arme junge Frau, die sich nach dem Schloß von Orope erkundige, und daß seine Base, die Frau Mond, sie geschickt habe. Daraufhin gab ihr der Herr Sonn einen Brief, den er selber geschrieben hatte, für den Herrn Luft, denn dieser wisse bestimmt, wo das Schloß liege.

Da machte sich die junge Frau auf die Suche nach dem Haus des Herrn Luft. Als sie es erreichte, klopfte sie an die Tür. Die Zauberin, die das Haus hütete, trat heraus und fragte sie, was sie wolle. Da reichte sie ihr den Brief des Herrn Sonn und sagte, sie suche das Schloß von Orope. Da sagte die Zauberin zu ihr: «Versteckt Euch in diesem Krug, denn wenn nämlich der Herr Luft kommt, wird er Euch auffressen wollen.» Wieder versteckte sie sich in einem Krug. Wenig später kamen die Lüftchen, und da fragte die Zauberin sie, ob sie wüßten, wo das Schloß von Orope sei. Sie sagten, sie hätten oft ihren Vater, den Herrn Luft, von diesem Schloß sprechen hören, aber sie selbst hätten es nie gesehen. Etwas später kam der Herr Luft, der mächtig vor sich herblies. Als er hereintrat, sagte er: «Hu, hu, hu! Es riecht nach Menschenfleisch! Wenn du mir's nicht gibst, fress ich dich!»

das te como! Y la hechicera le dijo que no se la comiera, que era una pobre niña que venía de parte del sol con una carta escrita pa él y que preguntaba por el Castillo de Oropé. Y el aire dijo que sí, que él sabía donde estaba y que él la llevaría.

Y el aire llevó a la joven al Castillo de Oropé y la dejó a la puerta. Y al llegar al castillo había allí mucho jaleo, y entró ella de peregrina a pedir una limosna. Y le dijeron que entrara, que a todos los pobres les daban limosnas. Y traía ella una rueca muy bonita y se puso a hilar. Y en el castillo había tanto jaleo porque se iba a casar un príncipe con una princesa. Y cuando la princesa vió a la peregrina con su rueca dijo: – ¡Qué hermosa rueca tiene la peregrina! Y le dijo a su criada que fuera a comprársela. Y cuando le preguntaron cuánto quería por la rueca ella dijo que se la daba a la princesa si la permitían hablar tres palabras con el príncipe. Y le dijeron que sí.

Y ella entregó su rueca y fué a hablar las tres palabras con el príncipe. Pero al príncipe había mandao la princesa que le dieran tres dormideras pa que nada oyera y nada respondiera. Y cuando subió la joven le dijo: – ¿Te acuerdas cuando mi padre era escobero? Eso le preguntaba la joven porque al momento que entró en el castillo y vió al príncipe le reconoció que era su esposo. Y le hizo la pregunta tres veces, pero como estaba dormido nada respondía. Y la princesa, que estaba escondida cerca, le dijo: – Ya están las tres palabras. Bájese usté. Y bajó la joven muy desconsolada.

Da sagte die Zauberin, er solle sie nicht auffressen, es sei eine arme junge Frau, von dem Herrn Sonn geschickt mit einem Brief an ihn, den Herrn Luft, die sich nach dem Schloß von Orope erkundige. Da sagte der Herr Luft: ja, er wisse, wo das Schloß liege, und werde sie hinbringen.

Und der Herr Luft brachte die junge Frau zum Schloß von Orope und setzte sie am Tor ab. Am Eingang zum Schloß war ein großes Durcheinander, da trat sie ein, als Pilgerin gekleidet und um Almosen bittend. Man sagte ihr, sie solle hineingehen, alle Armen erhielten dort Almosen. Da sie einen sehr schönen Spinnrocken mit sich trug, machte sie sich ans Spinnen. Im Schloß herrschte ein so großes Durcheinander, weil sich ein Prinz mit einer Prinzessin verheiraten wollte. Als die Prinzessin die Pilgerin mit ihrem Spinnrocken entdeckte, sagte sie: «Was diese Pilgerin für einen schönen Spinnrocken hat!» Und sie befahl ihrer Magd, ihn für sie zu kaufen. Als man die junge Frau fragte, wieviel sie für den Spinnrocken haben wolle, sagte sie, sie wolle ihn der Prinzessin geben, wenn man ihr drei Fragen an den Prinzen erlaubte. Man war damit einverstanden. Da gab sie ihren Spinnrocken her und ging zum Prinzen, um ihm drei Fragen zu stellen. Diesem aber hatte die Prinzessin einen dreifachen Schlaftrunk geben lassen, damit er nichts hören und nichts antworten konnte. Die junge Frau, als sie zu ihm hinaufgestiegen war, fragte ihn: «Weißt du noch, wie mein Vater Besenbinder war?» Das fragte sie ihn, denn in dem Augenblick, wo sie ins Schloß hineingetreten war und den Prinzen gesehen hatte, hatte sie ihn als ihren Gatten erkannt. Die Frage stellte sie dreimal, doch da er schlief, gab er keine Antwort. Die Prinzessin, die sich in der Nähe versteckt hatte, sagte zu ihr: «Die drei Fragen sind um. Geht hinunter.» Da ging die junge Frau sehr betrübt hinaus.

Y entonces rompió la bellota que le habían dao las monjas y ésta se volvió una rueca mucho más bonita que la otra. Y se puso a hilar. Y la princesa cuando la vió dijo: – ¡Ay, pero qué rueca tan hermosa tiene esa peregrina! Y le dijo a su criada que le preguntara cuánto quería por ella. Y fué la criada y la joven le dijo que se la daba si la permitían hablar otra vez tres palabras con el príncipe. Y dijo la princesa que estaba bueno. Y otra vez le dieron las dormideras al príncipe pa que se durmiera. Y la joven entregó su hermosa rueca a la princesa y subió a hablar con el príncipe y le dijo: – ¿Te acuerdas cuando te quemé la piel de hardacho? Y le hizo la pregunta tres veces; pero como estaba dormido nada respondía. Y la princesa entonces dijo: – Ya están las tres palabras. Bájese usté. Y otra vez bajó la joven muy desconsolada.

Pero se acordó la joven de la nuez que le habían dao los frailes y la rompió. Y se volvió la nuez una rueca mucho más hermosa que la anterior. Tenía cascabelitos de oro y cuando la joven hilaba los cascabelitos sonaban. Y al momento que la princesa la vió dijo: – ¡Ay, pero qué rueca tan hermosa tiene la peregrina! ¡Ésa sí que ha de ser mía! Y mandó a la criada a que le preguntara cuanto quería por ella. Y otra vez dijo ella que la daba si la permitían hablar tres palabras con el príncipe. Y como la princesa vía que el príncipe ni responder podía con las dormideras le dijo que estaba bueno que subiera y le dió otra vez al príncipe tres dormideras. Y subió la joven a hablar las tres palabras. Pero esta vez se descuidó la princesa y la joven le metió la mano

Daraufhin brach sie die Eichel, die ihr die Nonnen gegeben hatten, daraus wurde ein Spinnrocken, der sehr viel schöner war als der erste. Und sie begann damit zu spinnen. Als die Prinzessin sie sah, sprach sie: «Ach, was hat doch diese Pilgerin für einen schönen Spinnrocken!» Und ihre Magd sollte fragen, wieviel sie dafür verlange. Die Magd fragte sie, und die junge Frau antwortete, sie wolle ihn hergeben, wenn sie nochmals dem Prinzen drei Fragen stellen dürfe. Die Prinzessin war einverstanden. Wieder wurde dem Prinzen der Schlaftrunk gegeben, damit er einschlafe. Sie gab der Prinzessin ihren schönen Spinnrocken, und stieg hinauf, um dem Prinzen die Fragen zu stellen; sie fragte: «Weißt du noch, wie ich dein Eichhornfell verbrannte?» Sie fragte das dreimal, aber weil er schlief, gab er keine Antwort. Da sprach die Prinzessin: «Die drei Fragen sind um. Geht hinunter!» Wieder ging die junge Frau sehr betrübt hinaus.

Doch sie dachte an die Nuß, die ihr die Mönche gegeben hatten, und knackte sie auf. Die Nuß wurde zu einem Spinnrocken, der um vieles schöner war als der letzte. Er hatte goldene Glöcklein, und wenn die junge Frau spann, begannen die Glöcklein zu klingeln. Kaum hatte die Prinzessin sie gesehen, als sie auch schon sagte: «Ach, was hat doch die Pilgerin für einen schönen Spinnrocken. Den muß ich haben!» Und sie ließ die Magd fragen, wieviel sie dafür wolle. Wieder sagte sie, sie gebe ihn her, wenn sie drei Fragen an den Prinzen richten dürfe. Da die Prinzessin sah, daß der Prinz, wenn er einen Schlaftrunk getrunken hatte, überhaupt keine Antwort geben konnte, war sie einverstanden und sagte, sie könne hinaufsteigen. Dem Prinzen gab sie wieder den dreifachen Schlaftrunk. Dieses Mal aber war die Prinzessin nicht achtsam, und die junge Frau steck-

al príncipe debajo de la almohada y le despertó y le preguntó: – ¿Te acuerdas cuando mi padre era escobero? Y el príncipe le dijo: – Sí. – ¿Te acuerdas cuando te quemé la piel de hardacho? – Sí. – ¿Te acuerdas cuando me diste el vestido de peregrina y los zapatos de hierro? – Sí. Y a ese momento la princesa dijo: – Ya están las tres preguntas. Bájese usté. Y se bajó la joven pero ya muy contenta porque ya estaba segura que el príncipe la había conocido.

Y el príncipe entonces dijo que la peregrina estaba invitada pal banquete. Y la princesa dijo: – Pero, ¿cómo va esa peregrina a comer a mi mesa? Y el príncipe dijo que de todas maneras tenía que ir. Y se sentaron a la mesa y el príncipe la sentó a su derecha. Y comieron todos muy contentos. Y al fin de la comida todos le dijeron al príncipe que contara algo de su vida, alguna cosa que le había pasao. Y dijo el príncipe: – Muy bien, voy a contarles a ustedes una cosa que me sucedió. Una vez tenía yo una preciosa cajita de oro con una llave muy bonita. Y se me perdió. Y entonces mandé hacer otra lo más bonita posible, pero nunca la pudieron hacer tan bonita como la primera. Y después de mucho tiempo encontré la primera. Y ahora les pregunto a ustedes con cuál de las dos cajitas creen usted que debería yo quedarme. Y todos respondieron: – ¡Con la primera! Y entonces dijo el príncipe: – Tienen ustedes razón. Y por eso yo ahora dejo la segunda novia y me voy con mi primera esposa, que es esta hermosa peregrina. Y entonces la peregrina se abrozó a su esposo y se fueron pa su casa y fueron muy felices.

te ihre Hand unter das Kissen des Prinzen, weckte ihn auf und fragte ihn: «Weißt du noch, wie mein Vater Besenbinder war?» Der Prinz antwortete: «Ja.» «Weißt du noch, wie ich dein Eichhornfell verbrannte?» «Ja.» «Weißt du noch, wie du mir das Pilgerkleid und die eisernen Schuhe gabst?« «Ja.» In diesem Augenblick sagte die Prinzessin: «Die drei Fragen sind um. Geht hinunter!» Da ging die junge Frau hinaus, aber sie war sehr zufrieden, denn sie war gewiß, daß der Prinz sie erkannt hatte.

Nun erklärte der Prinz, daß die Pilgerin zum Festessen eingeladen sei. Die Prinzessin sagte: «Was denn, soll etwa diese Pilgerin am selben Tisch essen wie ich?» Doch der Prinz bestand darauf, sie müsse unbedingt kommen. Man setzte sich zu Tisch, und der Prinz setzte sich an ihre rechte Seite. Alle speisten und waren zufrieden. Nach dem Essen baten alle den Prinzen, er solle etwas aus seinem Leben erzählen, etwas, das ihm zugestoßen sei. Da sagte der Prinz:

«Nun gut, ich werde euch etwas erzählen, das mir passiert ist. Ich besaß einmal ein kostbares goldenes Kästchen mit einem sehr schönen Schlüssel. Es ging mir verloren. Da ließ ich ein anderes machen, so schön wie möglich, doch es geriet einfach nicht so gut wie das erste. Nun fand ich nach langer Zeit das erste wieder. Jetzt frage ich euch: welches der beiden Kästchen soll ich eurer Meinung nach behalten?» Alle antworteten: «Das erste.» Da sagte der Prinz: «Ihr habt recht. Deshalb lasse ich meine zweite Braut hier, und gehe mit meiner ersten Gemahlin fort. Es ist diese schöne Pilgerin.» Da umarmte die Pilgerin ihren Gemahl, und beide gingen nach Hause und wurden sehr glücklich.

El diablo maestro

Der Teufel als Lehrer

Ésta era una madre que tenía tres hijas y las llevaba todos los días a un colegio. Y el diablo se metió a maestro y un día se enamoró de la más pequeña. Güeno, pues la chica fué creciendo y el diablo contimás* iba creciendo la chica más se enamoraba de ella.

Y como ya no encontraba medio pa robarse a la niña fué y hizo una urnia* de cristal y un anillo dormidero. Y cuando la niña andaba jugando fué y la cogió y le puso en un dedo el anillo dormidero y la niña se durmió en seguida. Y la cogió el diablo y la metió en la urnia de cristal y fué y la tiró al mar.

Y por ai andaba pescando el hijo del rey y un pescador. Y vieron que bajaba un bulto por el mar. Y el hijo del rey le mandó al pescador echar la barca y ya vieron que era la urnia de cristal. Y la fueron aorillando hasta que la cogieron. Y ya vieron que en ella había una niña muy guapa. Y meneaban pa todos sitios pero no se movía. Y entonces el hijo del rey le quitó el anillo y al momento se despertó. Y ella al verse sola con ellos empezó a gritar. Y ya le puso él el anillo y se

Es war einmal eine Mutter mit drei Töchtern, die brachte sie alle Tage zur Schule. Der Teufel verkleidete sich als Lehrer, und eines Tages verliebte er sich in die kleinste. Gut, das Mädchen wuchs heran, und je größer sie wurde, desto mehr verliebte er sich in sie.

Weil er kein Mittel fand, das Mädchen zu entführen, machte er einen gläsernen Sarg und einen Schlafring. Als nun das Mädchen beim Spielen war, trat er zu ihr, packte sie und steckte ihr den Schlafring an einen Finger, worauf das Mädchen sofort einschlief. Da nahm er sie und legte sie in den gläsernen Sarg, ging ans Meer und warf sie hinein.

Nicht weit von dieser Stelle fischte gerade der Königssohn zusammen mit einem Fischer. Sie bemerkten, daß ein Kasten auf dem Meer trieb. Der Königssohn ließ den Fischer das Boot aussetzen, und bald erkannten sie, daß es ein gläserner Sarg war. Sie trieben ihn so lange auf das Ufer zu, bis sie ihn fassen konnten. Da sahen sie, daß ein sehr schönes Mädchen darin lag. Sie rüttelten sie heftig, aber sie bewegte sich nicht. Dann nahm ihr der Königssohn den Ring ab, und im selben Augenblick erwachte sie. Als sie sah, daß sie mit ihnen alleine war, fing sie zu schreien an. Gleich steckte er ihr den Ring an, da schlief

volvió a dormir. Y sin darles cuenta a sus padres el hijo del rey se la llevó pal palacio y la metió en su cuarto. Y allí la tenía sin que nadie lo supiera.

Y el cuarto todos los días se lo barrían los criaos. Pero desde aquel día se llevaba él la llave y nadie podía entrar. Pero un día se le olvidaron las llaves y las hermanas dijeron: – Ahora podemos hacer que los criaos barran el cuerto. Y fueron al cuarto y vieron la urnia de cristal y la dama guapa que estaba dentro de ella. Y como la curiosidá es tan grande fué la mayor y le quitó el anillo y al momento la niña se despertó. Y entonces ellas tiraron el anillo en el cuarto y se salieron huyendo.

Y el hijo del rey allá onde andaba se metió la mano al bolsillo y vió que no traía la llave de su cuarto y dijo: – Ahora ya soy descubierto. Y volvió a casa y ya las hermanas les habían contao a sus padres lo que habían visto en el cuarto. Y al llegar lo llamaron y le preguntaron pa qué tenía aquella niña en su cuarto. Y les contó él como la había hallao y que la tenía allí con el conqué de ser su esposa. Y ellos le dijeron que no, que no se podía casar con ella porque no sabían de que linaje era, ni nada. Pero él dijo que no le importaba que estaba enamorao de ella y con ella se iba a casar. Y se casó con la niña.

Y a los pocos meses enfermó el rey y murió, quedando de rey el hijo y de reina la niña su mujer. Y entonces tuvo que irse a reinar a otro reinao y dejó a su mujer encinta.

Y tuvo la reina
76 un niño muy guapo. Y un día la agüela fué a por
77 un caldo pa la reina que estaba en la cama. Y en el

sie wieder ein. Ohne seinen Eltern etwas davon zu erzählen, nahm sie der Königssohn mit nach dem Palast und stellte sie in sein Zimmer. Dort behielt er sie, und niemand wußte davon.

Die Diener hatten bisher jeden Tag seine Räume gefegt. Aber seither nahm er den Schlüssel mit, und niemand konnte hinein. Eines Tages aber vergaß er die Schlüssel, da sagten seine Schwestern: «Jetzt können wir den Diener seine Räume fegen lassen.» Sie traten ein und sahen den Sarg mit dem schönen Mädchen darin. Und weil ihre Neugierde so groß war, zog ihr die ältere den Ring vom Finger, und sogleich erwachte sie. Da warfen sie den Ring in das Zimmer und liefen hinaus.

Als der Königssohn dort, wo er sich eben befand, in seine Tasche griff und gewahr wurde, daß er seine Zimmerschlüssel nicht bei sich hatte, sagte er zu sich: «Jetzt bin ich entdeckt». Er ging nach Hause zurück, doch die Schwestern hatten den Eltern bereits erzählt, was sie in dem Zimmer gesehen hatten. Als er nun kam, riefen sie ihn und fragten, wozu er das Mädchen in seinem Raum habe. Da erzählte er ihnen, wie er sie gefunden hatte, und sagte, er habe sie dort, weil sie seine Gemahlin werden sollte. Sie aber sagten: nein, er könne sie nicht heiraten; denn sie wüßten nicht, aus welchem Geschlecht sie sei, und überhaupt gar nichts von ihr. Doch er antwortete, ihm sei das nicht wichtig, dieses Mädchen liebe er und wolle er heiraten. Und er heiratete das Mädchen.

Wenige Monate später wurde der König krank und starb. So wurde der Sohn König, und das Mädchen, seine Frau, wurde Königin. Aber bald darauf mußte er fort zum Regieren in ein anderes Königreich und ließ seine Frau schwanger zurück. Die Königin gebar dann einen sehr hübschen Jungen. Eines Tages, als die Großmutter hinausgegangen war, um der Königin, die im Wochenbett

medio tiempo de esto vino el diablo y le dijo: – María, o me dices lo que vistes o me das lo que paristes. Y la niña le contestó: – Ni te digo lo que ví ni te doy lo que parí. Y entonces el diablo le arrebató al niño de los brazos y lo magulló y se lo comió y a ella le untó los labios de carne y de sangre pa que dijieran que ella se lo había comido.

Y en esto llega la agüela con el caldo y le pregunta por el niño. Y la niña no le contesta nada. Pero ve la agüela la sangre y carne del niño en sus labios y le dijo: – Pero desgraciada, ¿que te has comido a tu hijo? Y la niña se consumía de dolor y de tristeza pero no decía palabra. Y la agüela que creía que la madre se había comido al niño la atracó de oprobios. Y ella nada contestaba.

Y ya llegó el rey a su reino y le salieron a recibir todos menos la reina su mujer. De dolor y de tristeza ella no salió a recibir a su marido. Y la agüela le dijo al rey: – Güena esposa que has cogido, hijo mío.

Ha parido y se ha comido al hijo. Y ya le contó como había pasao todo. Y el rey la dijo a su madre: – ¡Qué le vamos a hacer! De sus entrañas salió; a sus entrañas volvió. Y ya entró el rey a ver a su mujer. Y ella se le echó a los brazos llorando de dolor, pero no le dijo lo que había pasao. Y siguieron viviendo como antes.

Mas al quedar ella encinta otra vez tuvo el rey que irse otra vez a reinar a otro reinao. Y mientras estaba el rey por allá dió ella a luz, esta vez una niña muy hermosa, que era el vivo retrato

lag, eine Brühe zu holen, kam in der Zwischenzeit der Teufel und sagte zu ihr: «Maria, sag, was du gesehen hast, oder gib mir, was du geboren hast.» Sie antwortete: «Weder sage ich dir, was ich gesehen habe, noch gebe ich dir, was ich geboren habe.» Da riß ihr der Teufel das Kind aus den Armen, erwürgte und verschlang es, und beschmierte ihr die Lippen mit Fleisch und Blut, damit man glaubte, sie habe es aufgefressen.

Da kommt die Großmutter mit der Brühe und fragt nach dem Kind. Die Frau gibt keine Antwort. Die Großmutter aber sieht das Blut und Fleisch des Kindes an ihren Lippen und sprach: «Unglückliche du, hast du denn deinen Sohn gefressen?» Die Frau, obwohl sie sich verzehrte vor Schmerz und Trauer, sagte kein Wort. Die Großmutter, die glaubte, daß die Mutter ihr Kind gefressen habe, überschüttete sie mit Vorwürfen. Doch sie antwortete nichts.

Bald darauf kehrte der König zurück in sein Reich, und zu seinem Empfang traten alle vor den Palast außer der Königin, seiner Frau. Vor Schmerz und Trauer ging sie ihrem Gatten nicht entgegen. Da sagte die Großmutter zum König: «Eine schöne Gemahlin hast du dir genommen, mein Sohn. Sie hat einen Sohn geboren und gefressen.» Und sogleich erzählte sie ihm, wie alles geschehen war. Da sagte der König zu seiner Mutter: «Was sollen wir denn mir ihr tun? Aus ihrem Leib kam es, in ihren Leib ging es zurück.» Und schon trat der König ins Haus, um seine Frau zu sehen. Sie warf sich in seine Arme und weinte vor Schmerz, erzählte ihm aber nicht, was geschehen war. Und sie lebten wie vorher weiter.

Als sie jedoch wieder schwanger war, mußte der König von neuem in ein anderes Reich zum Regieren fort. Während sich der König dort aufhielt, brachte sie diesmal ein sehr hübsches Mädchen zur Welt, das ein lebendes

de su madre. Y si antes estaban locos todos con el niño más locos estaban ahora todos en el palacio con la niña. Y cuidaban a la madre y a la niña noche y día, y decía la agüela: – No, a éste no se lo va a comer.

Mas vino el diablo como antes y buscó ocasión cuando la niña estaba sola con su niña y la dijo: – María, o me dices lo que vistes o me das lo que paristes. Y la madre le contestó lo mismo que antes: – Ni te digo lo que ví ni te doy lo que parí. Y el diablo le arrebató a la niña de sus brazos y la magulló y se la comió. Y la untó a la madre los labios de carne y sangre otra vez. Y la pobre madre se desmayó, consumida de dolor.

Y llegó la agüela y al verla así empezó a dar gritos. Y le dijo a la reina: – Desgraciada, te has comido otra vez a tu hijo. Y la atracó de oprobios más que antes. Pero la madre no decía palabra. Y en esto volvió el rey a su reino y salieron a recibirle todos, menos su mujer. Y ya le contó su madre que su mujer había parido una niña muy guapa y que se la había comido como antes al niño. Y le dijo que era una deshonra pa el palacio tenerla allí y que tenía que despedirla. Y el rey le dijo a su madre que no podía todavía porque tenía que ir a una feria, que esperaran hasta que volviera y entonces harían lo que ella quería. Y fué él a ver a su mujer que estaba todavía en la cama enferma de pena y de dolor. Y la preguntó por qué se comía a los hijos que tenía y ella no decía palabra. Y entonces el rey la dijo que si no le decía la mataba, y ella le dijo que por nada del mundo le

Abbild seiner Mutter war. Waren schon vorher alle entzückt von dem Jungen gewesen, so war nun alles im Palast noch viel entzückter von dem Mädchen. Tag und Nacht pflegte man die Mutter, und die Großmutter sagte stets zu sich: «Nein, dieses Mal wird sie es nicht auffressen.» Doch der Teufel kam wieder wie zuvor, und erwartete den Augenblick, in dem die Frau mit ihrem Mädchen allein war; da sprach er zu ihr: «Maria, sag mir, was du gesehen hast, oder gib mir, was du geboren hast.» Aber die Frau antwortete wie zuvor: «Weder sage ich dir, was ich gesehen habe, noch gebe ich dir, was ich geboren habe.» Der Teufel riß ihr das Mädchen aus den Armen, erwürgte und verschlang es. Der Mutter beschmierte er die Lippen wieder mit Fleisch und Blut. Die arme Mutter, von der Qual überwältigt, fiel in Ohnmacht.

Als die Großmutter zurückkam und sie in diesem Zustand sah, fing sie an zu schreien. Sie sprach zur Königin: «Unselige, du hast wieder dein Kind gefressen», und überhäufte sie noch mehr mit Vorwürfen. Doch die Mutter sagte kein Wort. So standen die Dinge, als der König in sein Reich zurückkehrte, und alle, außer seiner Frau, zu seinem Empfang vor den Palast traten. Gleich erzählte ihm seine Mutter, daß seine Frau ein sehr schönes Mädchen geboren habe, und daß sie das Kind aufgefressen habe wie zuvor. Und sie sagte ihm, es sei eine Schande für den Palast, sie hier zu haben; er müsse sie fortjagen. Der König antwortete ihr, das könne er noch nicht, denn erst müsse er auf einen Jahrmarkt. Man solle auf seine Rückkehr warten, dann könne man tun, was sie vorhatte. Er ging hinein und sah nach seiner Frau, die noch immer vor Leid und Schmerz zu Bett lag. Er fragte sie, warum sie ihre Kinder auffresse. Sie sagte kein Wort. Daraufhin sprach der König, wenn sie es ihm nicht sage, töte er sie. Sie antwortete, daß sie ihm um nichts auf

decía lo que había pasao, que prefería la muerte. Y ya el rey dijo: – Güeno, hay que dejarla. Al volver de la feria veremos qué hacemos con ella.

Y el día que se marchó pa la feria les preguntó a sus hermanas qué querían que les trajera de la feria. Y la mayor le dijo que le trajera un vestido azul de piedra, y la menor uno verde de piedras. Y fué y le preguntó a su mujer, la reina, qué quería que le trajera a ella. Y ella le contestó: – A mí quiero que me traigas una piedra de dolor y un cuchillo de amor.

Y se fué el rey pa la feria. Y en el camino decía: – Pero y ¿pa qué me pidió mi mujer una piedra de dolor y un cuchillo de amor? Y llegó a la feria y halló fácilmento lo que le habían pedido sus hermanas. Pero la piedra de dolor y el cuchillo de amor no los pudo encontrar por mucho que los anduvo buscando. Y regresó a su palacio. Y ya al llegar a su palacio estaba por ai el diablo gritando: – ¡A la piedra de dolor y el cuchillo de amor! ¡A la piedra de dolor y el cuchillo de amor! Y se detuvo el rey y le dijo: – ¡Eh, caballero! ¿Cuánto quiere usté por la piedra de dolor y el cuchillo de amor? Y el diablo le contesta: – Dos mil duros. Y el rey le entregó los dos mil duros y le dijo: – Tenga usté. Dichosa la hora que encuentro esas cosas que me pidió mi mujer. Y le entregó el diablo la piedra de dolor y el cuchillo de amor y se fué contento.

Y al entrar en el palacio salieron sus hermanas a recibirle y se alegraron mucho cuando les
82 entregó lo que le habían pedido. Y como su mujer
83 no bajó les preguntó a sus hermanas por qué no

der Welt erzähle was geschehen sei; eher wolle sie sterben. Da sagte sich der König: «Es ist besser, man läßt sie in Ruhe. Wenn ich zurück bin, werden wir sehen, was wir mit ihr anfangen.»

An dem Tag, da er zum Jahrmarkt aufbrach, fragte er seine Schwestern, was er ihnen von dort mitbringen sollte. Die Ältere bat ihn, ihr ein blaues steinbesticktes Kleid mitzubringen, und die Jüngere bat ihn um ein grünes steinbesticktes. Er ging zu seiner Frau, der Königin, und fragte sie, was er ihr mitbringen sollte. Sie antwortete: «Ich möchte, daß du mir einen Schmerzensstein und ein Liebesmesser mitbringst.»

Der König brach zum Jahrmarkt auf. Unterwegs sagte er sich: «Aber zu welchem Zweck hat mich meine Frau um einen Schmerzensstein und ein Liebesmesser gebeten?» Er gelangte zum Jahrmarkt und fand ohne Mühe, worum seine Schwestern ihn gebeten hatten. Aber den Schmerzensstein und das Liebesmesser konnte er auch bei noch so vielem Suchen nicht finden. Da machte er sich an die Heimkehr. Fast hatte er seinen Palast erreicht, als er auf den Teufel stieß, der dort ausrief: «Wer will einen Schmerzensstein und ein Liebesmesser? Wer will einen Schmerzensstein und ein Liebesmesser?» Der König hielt an und sagte: «Heh, mein Herr, wieviel wollt Ihr für den Schmerzensstein und das Liebesmesser?» Der Teufel antwortet ihm: «Zweitausend Taler.» Der König gab ihm die zweitausend Taler und sagte: «Hier nehmt. Ein Glücksfall, daß ich diese Dinge finde, die mir meine Frau aufgetragen hat.» Der Teufel gab ihm den Schmerzensstein und das Liebesmesser und ging zufrieden davon.

Sobald der König im Palast angelangt war, kamen seine Schwestern herausgelaufen, ihn zu empfangen, und freuten sich sehr, als er ihnen überreichte, was sie sich von ihm erbeten hatten. Da seine Frau nicht herun-

bajaba y le dijeron que estaba mala en la cama. Y entonces subió él a onde estaba y le dijo: – Aquí tienes lo que me pedistes, la piedra de dolor y el cuchillo de amor. Y ella recibió todo sin decir palabra. Ni se puso contenta ni triste. Seguía tan triste como siempre y consumida de dolor. Y ya le dijo que se podía retirar. Y cuando ella le dijo que se retirara sospechó él algo y hizo que se retiraba y se escondió debajo de la cama al cerrar la puerta.

Y cuando ella creyó que se había retirao cogió ella la piedra de dolor y el cuchillo de amor y los puso en la mesa. Y se levantó de la cama y cogió una silla y se sentó al pie de la mesa y empezó a decirles: – Piedra de dolor, cuchillo de amor, ¿verdá que en un tiempo fuí al colegio y el maestro se enamoró de mí y porque yo no le quise me echó en una urnia de cristal y me echó al mar? Y la piedra de dolor y el cuchillo de amor decían: – Sí, sí. Es verdá. Y la piedra se partía de dolor al decir que sí. Y luego dijo la niña: – Piedra de dolor, cuchillo de amor, ¿verdá que del mar me salvó el hijo del rey y después me llevó a su casa y se casó conmigo? Y contestaban la piedra y el cuchillo: – Sí, sí. Es verdá. Y la piedra se partía más y más de dolor al decir que sí. Y dijo después la niña: – Piedra de dolor, cuchillo de amor, ¿verdá que tuve un niño del rey y vino el maestro y me lo arrebató y se lo comió y me untó los labios de la carne y de la sangre pa que todos creyeran que yo misma me lo había comido? Y la piedra y el cuchillo contestaban: – Sí, sí. Es verdá. Y más y más se partía la piedra de dolor. Y entonces dice la niña: – Piedra de dolor, cuchillo

terkam, fragte er seine Schwestern, warum sie nicht komme. Sie antworteten ihm, daß sie krank im Bett liege. Da ging er zu ihr hinauf und sprach: «Hier hast du, was du mir aufgetragen hattest: den Schmerzensstein und das Liebesmesser.» Sie nahm beides entgegen, ohne ein Wort zu sagen. Sie war weder freudig noch traurig geworden, blieb einfach so schwermütig wie immer, vom Schmerz gepeinigt. Und gleich sagte sie ihm, er dürfe sich zurückziehen. Als sie das sagte, schöpfte er Argwohn; er tat so, als ob er hinausgehe, aber in dem Augenblick als er die Tür schloß, versteckte er sich unter dem Bett.

Sobald sie glaubte, er sei hinausgegangen, ergriff sie den Schmerzensstein und das Liebesmesser und legte sie auf den Tisch. Dann erhob sie sich vom Bett, holte einen Stuhl, setzte sich an den Tisch und sprach zu ihnen: «Schmerzensstein, Liebesmesser: Ist es nicht wahr, daß, als ich einst in die Schule ging, der Lehrer sich in mich verliebte, und weil ich ihn nicht mochte, er mich in einen gläsernen Sarg gesteckt und ins Meer geworfen hat?» Der Schmerzensstein und das Liebesmesser sagten: «Ja, ja, das ist wahr.» Der Schmerzensstein zerbrach, als er ja sagte. Dann sprach die Frau: «Schmerzensstein, Liebesmesser: Ist es nicht wahr, daß mich der Königsohn aus dem Meer errettet, mich dann zu sich nach Hause genommen und mich geheiratet hat?» Der Stein und das Messer antworteten: «Ja, ja, das ist wahr.» Und der Stein zersprang noch weiter, als er ja sagte. Daraufhin sagte die Frau: «Schmerzensstein, Liebesmesser: Ist es nicht wahr, daß ich ein Kind vom König gebar, und der Lehrer kam, es mir entriß und es auffraß und mir die Lippen mit Fleisch und Blut beschmierte, damit alle glaubten, ich selbst habe es aufgefressen?» Der Stein und das Messer antworteten: «Ja, ja, das ist wahr.» Und in immer kleinere und kleinere Stücke zerbrach der Schmerzensstein. Und dann spricht

de amor, ¿verdá que después se volvió a ir el rey a reinar y me dejó encinta y tuve una niña, y ésta me la arrebató de la misma manera el maestro y se la comió y me untó otra vez los labios de la carne y la sangre pa que todos creyeran que yo misma me la había comido? Y la piedra y el cuchillo contestaban: – Sí, sí. Es verdá. Y la piedra ya se partía en mil pedazos al decir que sí. Y por fin dijo la niña: – Piedra de dolor, cuchillo de amor, ¿verdá que mi suegra le dijo al rey que yo me había comido a mis hijos y que le dijo al rey que me echara del palacio? Y la piedra y el cuchillo contestaban como siempre: – Sí, sí. Es verdá. Y ya la piedra se estaba acabando de partirse de dolor.

Y entonces es cuando la niña cogió el cuchillo de amor en la mano y dijo: – Si la piedra se parte de dolor, ¿cómo no se partirá mi corazón? Y iba ya a clavarse el cuchillo de amor en el corazón cuando salió el rey de onde estaba escondido y se lo detuvo. Y ya entonces el rey entendió como había pasao todo. Y le dijo a su mujer que olvidara su pena y que serían felices otra vez.

die Frau: «Schmerzensstein, Liebesmesser: Ist es nicht wahr, daß dann der König wieder zum Regieren wegging und mich schwanger zurückließ und ich ein Mädchen gebar, das mir der Lehrer auf dieselbe Weise entriß und auffraß und daß er mir wieder die Lippen mit Fleisch und Blut beschmierte, damit alle glaubten, ich selber habe es aufgefressen?» Als er ja sagte, zersprang der Schmerzensstein in tausend Stücke. Schließlich sagte die Frau: «Schmerzensstein, Liebesmesser: ist es nicht wahr, daß meine Schwiegermutter dem König erzählt hat, ich habe meine Kinder aufgefressen, und ihm auch gesagt hat, er soll mich aus dem Palast jagen?» Und auch dieses Mal antworteten der Stein und das Messer: «Ja, ja, das ist wahr.» Der Stein zerbarst dabei ganz und gar vor Schmerz.

In diesem Augenblick nahm die Frau des Liebesmesser in die Hand und sagte: «Wenn der Stein vor Schmerz zerbirst, wie sollte da nicht mein Herz in Stücke brechen?» Schon wollte sie sich das Messer ins Herz stoßen, da kam der König aus seinem Versteck heraus und hielt sie zurück. Nun verstand der König, wie alles gekommen war, und sagte seiner Frau, sie solle ihr Leid vergessen, und sie würden wieder glücklich werden.

La princesa encantada

Die verzauberte Prinzessin

Era un caballero que salió por el mundo alante a buscar la vida y las aventuras. Y caminando, caminando se encontró con tres animales, un león, un galgo, un águila y una hormiga que estaban peleándose por una fiera muerta que habían encontrao en el camino. Y al ver llegar al hombre le dijeron que les hiciera el favor de repartir la fiera, a cada uno su parte. Y el caballero dijo que estaba bien, y se remangó el brazó y partió la fiera y les dió a cada uno su parte y quedaron conformes. Al águila le dió las tripas, al león le dió las nalgas, y a la hormiga le dió el lomo. Y se marchó el hombre por su camino.

Pero a poco que partió los animales le llamaron y se volvió. Y el león le dijo: – Tú nos has arreglao la pelea y ahora nosotros queremos darte algo. Vamos a darte unas gracias. Y se sacó el león un peolo de la cabeza y se lo dió y le dijo: – Lleva este pelo siempre contigo y cuando quieras volverte león no tienes más que hacer que decir "Dios y león" y león te volverás. Y para volverte hombre otra vez dices "Dios y hombre."

Es war einmal ein Ritter, der zog in die Welt hinaus auf der Suche nach Leben und Abenteuern. Nachdem er viel herumgekommen war, traf er auf drei Tiere: einen Löwen, einen Adler und eine Ameise, die sich gerade um ein totes Raubtier stritten, auf das sie am Wege gestoßen waren. Als sie den Mann herankommen sahen, baten sie ihn, das Raubtier für sie aufzuteilen und jedem seinen Teil zu geben. Der Ritter war einverstanden, krempelte sich den Ärmel hoch, zerlegte das Raubtier, gab jedem seinen Teil, und damit waren sie zufrieden. Dem Adler gab er die Eingeweide, dem Löwen das Hinterteil, und der Ameise das Rückenstück. Dann ging der Mann seines Weges.

Doch kaum war er weggegangen, da riefen ihn die Tiere, und er kehrte um. Der Löwe sprach zu ihm: «Du hast unseren Streit geschlichtet, und jetzt wollen wir dir etwas geben. Wir werden dir ein paar Zaubermittel geben.» Der Löwe riß sich ein Haar aus, gab es ihm und sagte: «Trag das immer bei dir. Wenn du dich in einen Löwen verwandeln möchtest, brauchst du nur zu sagen: ‹Gott und Löwe›, und du wirst zu einem Löwen. Um wieder Mensch zu werden, sagst du einfach: ‹Gott und Mensch›.» Der Adler gab ihm eine Feder und sagte:

Y el águila le dió una pluma y le dijo: – Lleva también siempre contigo esta pluma y cuando quieras volverte águila dices "Dios y águila" y cuando quieras volverte otra vez hombre dices "Dios y hombre." Y entonces la hormiguita se puso a pensar y al fin dijo: – Yo no se qué darte porque todo me hace falta, pero aunque quede mochita te voy a dar este cuernito. Y le dió un cuernito y le dijo: – Cuando quieras voplverte hormiga dices "Dios y hormiga," y cuando quieras otra vez volverte hombre dices "Dios y hombre."

Conque se fué el caballero muy contento y llegó ande un palacio muy grande y allí vivía un gigante que tenía a una princesa encantada en el palacio y no la dejaba salir. Y el caballero llegó y vió a la princesa al balcón del palacio y se acercó a hablar con ella. Y ella le dijo: – Quítese usté, que viene el cuerpoespín* y se lo come. Y él no tuvo miedo y se acercó más y la preguntó que quería decir eso del cuerpoespín. Y entonces ella le contó que un gigante la tenía encantada de tal manera que no podía ella nunca salir con nadien del palacio. Y el caballero le dijo que le dijera en qué consistía el encanto y que el estaba dispuesto a desencantarla si se casaba con él. Y ella le dijo que sabía el encanto pero tenía miedo que la matara el gigante. Y le rogó tanto que al fin le dijo: – Mira; el gigante me lo ha dicho. Él se muere solamente cuando se rompa un huevo que tiene guardado muy bien en el palacio, y muriendo él estoy desencantada y libre.

Y cuando acababa la princesa de decir esto
90 oyeron abrir puertas y vieron venir al gigante. Y
91 el hombre pa no ser visto dijo: – Dios y hormiga,

«Trag diese Feder auch immer bei dir, und wenn du dich in einen Adler verwandeln möchtest, sagst du: ‹Gott und Adler›. Und willst du wieder Mensch werden, sagst du: ‹Gott und Mensch›.» Dann begann die kleine Ameise nachzudenken, und sprach schließlich: «Ich weiß nicht, was ich dir geben könnte, denn ich brauche alles selber, doch wenn ich jetzt dann auch kein Horn mehr habe – nimm dieses Hörnlein.» Und sie gab ihm ein Hörnlein und sagte: «Wenn du dich in eine Ameise verwandeln möchtest, sprich: ‹Gott und Ameise›, und wenn du wieder Mensch werden willst, sagst du: ‹Gott und Mensch›.»

Darauf ging der Ritter zufrieden fort und kam an einen großen Palast. Dort lebte ein Riese, der hielt eine Prinzessin verzaubert und ließ sie nicht heraus. Als der Ritter die Prinzessin auf dem Balkon des Palastes sah, trat er näher, um mit ihr zu sprechen. Sie sagte zu ihm: «Hütet Euch, daß nicht das Stachelschwein kommt und Euch auffrißt.» Doch er bekam keine Angst, sondern trat noch näher und fragte sie, was es mit dem Stachelschwein auf sich habe.

Da erzählte sie ihm, ein Riese habe sie so verzaubert, daß sie mit niemandem je aus dem Palast herausdürfe. Der Ritter bat sie, ihm zu erzählen, worin der Zauber bestehe, und sagte ihr, er sei bereit, sie zu erlösen, wenn sie ihn heiraten wolle. Sie antwortete: sie wisse den Zauber, aber sie habe Angst, der Ritter werde sie töten. Doch er beschwor sie so sehr, daß sie ihm schließlich sagte: «Hör zu! Der Riese hat es mir gesagt. Er stirbt nur, wenn man ein Ei zerbricht, das er sehr gut im Palast versteckt hält; und wenn er stirbt, so bin ich erlöst und frei.»

Die Prinzessin hatte kaum zu Ende gesprochen, da hörten sie, wie Türen geöffnet wurden, und sahen den Riesen kommen. Um nicht entdeckt zu werden, sagte der

– y así el gigante no le vió. Y fué la hormiga y se metió secretamente en el cuarto de la princesa. Y por la noche cuando ya todos dormían se volvió hombre y fué a hablar con la princesa y le preguntó como mataría al gigante. Y ella le dijo que el gigante guardaba el huevo y ella no sabía donde estaba. Y así estuvo el caballero tres noches hablando con la princesa. Y el gigante fué y guardó el huevo dentro de un cuerpoespín. Y a los cuatro días llegó el gigante con el cuerpoespín y le dijo a la princesa que olía carne humana y se la iba a comer. Y el caballero cuando vió venir al cuerpoespín dijo: – Dios y león. Y se pelearon el cuerpoespín y el león. Y cuando ya el león iba venciendo el cuerpoespín se volvió paloma y salió volando. Y entonces el caballero se volvió hombre y dijo: – Dios y águila. Y se volvió águila y voló a coger a la paloma. Y la cogió.

Y entonces el caballero se volvió hombre y mató la paloma y halló dentro el huevo que contenía la vida del gigante. Y entonces el gigante ya estaba maleando. Y llegó con el huevo y se lo tiró en la frente al gigante y se rompió y el gigante murió. Y al morir dijo a la princesa: – Al fin mujeres. Has dicho el encanto y me han matao. Y el caballero se casó con la princesa que ahora quedó desencantada.

Mann: «Gott und Ameise», und so bemerkte ihn der Riese nicht. Die Ameise kroch heimlich in das Schlafzimmer der Prinzessin. Und nachts, als schon alles schlief, verwandelte er sich wieder in einen Menschen, ging zur Prinzessin und fragte sie, wie er den Riesen töten könnte. Sie sagte ihm, daß der Riese das Ei irgendwo aufbewahrte, sie wisse aber nicht, wo. So vergingen drei Nächte, in denen sich der Ritter mit der Prinzessin unterhielt. Der Riese aber hatte das Ei in einem Stachelschwein versteckt. Am vierten Tag kam der Riese mit dem Stachelschwein und sagte zur Prinzessin, er rieche Menschenfleisch, und das wolle er jetzt auffressen. Als der Ritter das Stachelschwein herankommen sah, sprach er: «Gott und Löwe», und das Stachelschwein und der Löwe kämpften miteinander. Als der Löwe das Stachelschwein beinahe besiegt hatte, verwandelte sich dieses in eine Taube und flog davon. Da verwandelte sich der Ritter wieder in einen Menschen und sagte dann: «Gott und Adler», flog als Adler hinter der Taube her und fing sie. Dann verwandelte sich der Ritter wieder in einen Menschen, tötete die Taube und fand in ihr das Ei, welches das Leben des Riesen enthielt. Der Riese war da schon ganz ohne Kräfte. Der Ritter kam mit dem Ei heran und warf es dem Riesen gegen die Stirn, daß es zerbrach. Da starb der Riese. Sterbend sprach er noch zur Prinzessin: «Am Ende doch immer die Frauen. Du hast den Zauber verraten und mich getötet.» Der Ritter heiratete die Prinzessin, die jetzt vom Zauber erlöst war.

El herrero y la muerte

Der Schmied und der Tod

Una vez había un herrero muy pobre que no tenía ni carbón, ni hierro, ni cosa alguna de comer.

Un día pasaron por su casa, con un burro, Jesucristo y San Pedro. Y Jesucristo le dijo al herrero que si le quería herrar el burro que llevaban. El herrero contestó que sí, pero que casi casi no tenía con qué hacerlo. Atropó con las uñas algo de carbón que había por los rincones de la carbonera y dijo:

– Ahora me falta el hierro . . . Voy a desbaratar un martillo.

Y del martillo hizo las herraduras y pudo herrar el burro.

– Bueno . . . Ahora vamos a ver cuánto son sus trabajos – le dijo Jesucristo.

– Pues, ¿qué le voy a pedir? – dice el herrero –. Será ustez tan pobre . . . Ustez no tiene nada, y yo tampoco.

– Pues, hombre, tres cosas que me pidas te puedo dar – le dice Jesucristo.

Y San Pedro, que estaba con Jesucristo, le decía al herrero al oído:

– Pídele la gloria. Pídele la gloria.

Es lebte einmal ein sehr armer Schmied, der hatte weder Kohle noch Eisen und überhaupt nichts zu essen.

Eines Tages kamen Jesus Christus und der Heilige Petrus mit einem Esel an seinem Haus vorbei. Da fragte Jesus Christus den Schmied, ob er ihm nicht seinen Esel beschlagen könne. Der Schmied sagte: ja, aber er habe fast nichts, was man dazu brauche. Er kratzte mit den Fingernägeln etwas Kohle aus den Ecken des Kohlenschuppens zusammen und sagte:

«Jetzt fehlt mir das Eisen – ich werde einen Hammer schmelzen.»

Aus dem Hammer machte er Hufeisen, und so konnte er den Esel beschlagen.

«Gut. Jetzt laßt uns sehen, was Ihr für Eure Arbeit bekommt», sagte Jesus Christus zu ihm.

«Ja, was soll ich da verlangen?», sagte der Schmied. «Ihr seid gewiß sehr arm. Ihr habt nichts, und ich auch nicht.»

«Nun, drei Dinge, um die du mich bittest, kann ich dir gewähren», sagte Jesus Christus.

Der Heilige Petrus, der Jesus Christus begleitete, flüsterte dem Schmied ins Ohr:

«Bitte ihn um die Seligkeit, um die Seligkeit!»

Y entonces dijo el herrero a San Pedro:

– Y a ti, ¿qué te importa lo que yo voy a pedir?

Y el herrero le dijo a Jesucristo:

– Yo pido que todo aquel que se siente en mi silla, sin mi permiso no se pueda levantar.

– Concedido – contesta Jesucristo.

– La segunda cosa: Yo pido que todo aquel que se suba a mi guindal, sin mi permiso no se pueda bajar.

– Concedido.

– La tercera: Yo pido que todo aquello que se meta en mi bolsillo, sin mi permiso no se pueda salir.

– Concedido.

Ya el herrero se quedó como antes, muerto de hambre, con su perrito, que se llamaba Necesidaz.

Y resulta que después, pensando y discurriendo, no encontraba medios para ganar de comer. Y en esto se acordó de hacer una escritura con el demonio y mandarle el alma, siempre que le mandase riquezas. El demonio aceptó el trato, dándole vida por diez años. Durante este tiempo el herrero recibió todo lo que deseaba y hizo un palacio, con su huerta.

Cumplidos los diez años, vino el demonio mayor a por el herrero.

– Pues, mira – le dice el herrero –. Ya que va a ser la ultima vez, vamos a beber una jarra de vino para ir alegres en compañía. ¡Siéntate! ¡Siéntate en la silla!

Se sentó en la silla el demonio mayor, y, una vez que acabaron la jarra de vino, le dijo el herrero al demonio:

– Bueno... Vamos cuando quieras.

Darauf gab der Schmied dem Heiligen Petrus zurück:

«He, was geht es denn dich an, was ich erbitte?»

Und der Schmied sagte zu Jesus Christus:

«Ich erbitte mir, daß keiner, der sich auf meinen Stuhl setzt, ohne meine Erlaubnis wieder aufstehen kann.»

«Gewährt», antwortet Jesus.

«Das zweite: ich erbitte mir, daß keiner, der auf meinen Kirschbaum steigt, ohne meine Erlaubnis wieder herunter kann.»

«Gewährt.»

«Das dritte: ich erbitte mir, daß alles, was in meine Hosentasche kommt, nicht ohne meine Erlaubnis wieder herauskann.»

«Gewährt.»

Und da lebte der Schmied weiter so wie vorher, ein Hungerleider, mit seinem Hündchen, das hieß Not.

Es zeigte sich, daß er bald, obgleich er sich gehörig den Kopf zerbrach, nicht mehr das tägliche Brot verdienen konnte. So kam er dazu, mit dem Teufel einen Vertrag abzuschließen, wonach er ihm seine Seele geben würde, wenn dieser ihm Reichtum gäbe. Der Teufel stimmte dem Handel zu und gab ihm für zehn Jahre lang Leben. In dieser Zeit bekam der Schmied alles, was er wollte, und er baute sich einen Palast mit einem Park dabei.

Als die zehn Jahre um waren, kam der Oberteufel den Schmied abholen.

«Also sieh mal», sagte zu ihm der Schmied, «da es jetzt das letzte Mal ist, laß uns doch einen Krug Wein trinken; danach wollen wir fröhlich zusammen gehen. Setz dich! Setz dich da auf den Stuhl!»

Er setzte sich auf den Stuhl, der Oberteufel, und nachdem sie den Krug leergetrunken hatten, sagte der Schmied zum Teufel:

«Gut, wir können gehen, wenn du willst.»

– La cuestión es que no puedo levantarme – contestó el demonio.

– Hombre, pues, ¿quién te sujeta? Si naide* te tiene. ¡Vamos, hombre! ¡Vamos cuando quieras!

– Pues, es que no puedo – dice el demonio.

– Pues si no puedes, ¿qué to voy a hacer yo? – le dice el herrero –. Pues ahí te quedas... ¿Pa cuántos años más me das vida, y te dejo marchar?

– Para diez años más – contesta el demonio.

A los diez años vinieron tres demonios a por él. Y al demonio mayor, como antes, le mandó sentar en la silla; y a los otros dos les mandó subir al guindal y les dijo:

– Cojed unas guindas para merendarlas juntos.

Al demonio mayor le sacó la jarra de vino, y se pusieron a merendar mientras los otros bajaban. Y les dice el demonio mayor a los otros:

– ¡Vamos, los de las guindas! ¿No bajáis?

– ¡Sí! – dice el herrero –. ¡Vamos, ya es hora que bajéis!

– Si es que no podemos bajar – contestan los otros.

– Luego, ¿quién os lo priva, si naide os sujeta? – les dice el herrero.

Y ellos dicen:

– Pues, no podemos bajar...

Y en esto, ya que aquéllos no podían bajar, dice el demonio mayor:

– Bueno... Si ésos no pueden bajar, vamos tú y yo juntos.

Y va a levantarse, pero no puede y dice:

– Pero es que yo no puedo levantarme tampoco.

– Pues, ¿quién te lo priva? – le dice el herrero.

«Die Sache ist die, ich kann nicht aufstehen», antwortete der Teufel.

«Guter Mann, wer hält dich denn fest? Es hält dich doch keiner. Komm! Wenn du willst, können wir gehen!»

«Wenn ich aber doch nicht kann», sagte der Teufel.

«Na wenn du nicht kannst, was kann ich da tun?» sagt der Schmied. «Dann bleibst du da. Wieviel weitere Jahre gibst du mir denn, wenn ich dich laufen lasse?»

«Nochmal zehn Jahre», antwortete der Teufel.

Nach zehn Jahren kamen drei Teufel ihn abholen. Der Schmied läßt den Oberteufel sich auf den Stuhl setzen, und die beiden anderen schickt er auf den Kirschbaum und sagt zu ihnen:

«Holt ein paar Kirschen, wir vespern dann zusammen.»

Dem Oberteufel stellt er den Weinkrug hin, und sie begannen zu vespern, bis die anderen heruntersteigen würden. Der Oberteufel sagte zu ihnen:

«He, ihr da auf dem Baum! Kommt ihr nicht runter?»

«Ja, los, kommt», sagte der Schmied, «es wird Zeit, daß ihr heruntersteigt!»

«Wir können aber nicht hinabsteigen», antworteten die beiden.

«So etwas. Wer hindert euch denn daran, es hält euch doch niemand fest?» sagt der Schmied zu ihnen.

Und sie sagen darauf:

«Wir können einfach nicht runter.»

Da nun die beiden nicht heruntersteigen können, sagt der Oberteufel:

«Na gut, wenn die beiden nicht herunter können, so gehen du und ich zusammen.»

Und er will aufstehen, kann aber nicht; da sagt er:

«Leider muß ich sagen: ich kann auch nicht aufstehen.»

«Na, wer hält dich denn?» sagt der Schmied.

– Pues naide me tiene; pero yo no puedo levantarme.

Y entonces les dice el herrero:

– Bueno . . . Si no podéis marchar, ¿para cuántos años más me dais vida, y vos dejo marchar?

– Pa diez años más.

A los diez años vinieron tres mil demonios a por él, y dice el herrero al demonio mayor, como de costumbre:

– Sienta, siéntate en mi silla.

Le sacó otra vez una jarra de vino. Y a otros dos les mandó subir a por guindas al guindal, para ya comérselas todos juntos.

Después de algún tiempo les dijo:

– Bueno; pero, ¿bajáis ya, para comérnoslas juntos?

– Si es que no podemos bajar – dijeron.

– Pues, ¿quién vos lo priva? – les dice el herrero.

Y a los demás demonios les dijo:

– ¡Tanto como sabéis! ¡Tanto como hacéis!

Y ellos dicen:

– Nosotros sabemos hacer muchas cosas.

– ¡Vosotros no sabéis hacer nada!

– Pos * sí que hacemos muchas cosas que son casi imposibles.

– Pues, a que no os metéis en el cuerpo de esa hormiga.

– ¡A que sí!

– ¡A que no! ¡Qué vais, si no sabéis hacer nada! ¡A que no!

– Pues, ¡a que lo hacemos!

100 – Pues, ¡a verlo!

101 Y se metieron los demonios en el cuerpo de la

«Nun, es hält mich keiner, aber ich kann nicht aufstehen.»

Darauf sagt der Schmied zu ihnen:

«Na gut, da ihr nicht wegkönnt – wieviel weitere Jahre Leben gebt ihr mir denn, wenn ich euch laufen lasse?»

«Nochmal zehn Jahre.»

Nach zehn Jahren kamen dreitausend Teufel ihn abholen. Zum Oberteufel sagt der Schmied, wie aus Gewohnheit:

«Setz dich, setz dich doch da auf meinen Stuhl.»

Wieder stellte er ihm den Weinkrug hin. Zwei anderen sagte er, sie sollten Kirschen vom Kirschbaum pflücken, daß alle davon essen könnten.

Nach einer Weile sagte er zu ihnen:

«Na, was ist denn, kommt ihr endlich? Wir wollen sie doch zusammen essen.»

«Wir können aber nicht hinabsteigen», antworten sie.

«Nun, wer hindert euch denn daran?» sagt der Schmied zu ihnen.

Und zu den übrigen Teufeln sagt er:

«Ihr könnt es wohl auch nicht besser.»

Da sagen die:

«Wir können sehr vieles.»

«Ihr könnt überhaupt nichts!»

«Wir bringen aber viel zustande, was fast unmöglich ist.»

«Na, ganz bestimmt könnt ihr nicht in den Körper dieser Ameise schlüpfen.»

«Natürlich können wir das!»

«Ganz bestimmt nicht! Geht doch zu! Ihr könnt überhaupt nichts. Ganz sicher nicht!»

«Doch, wir können es!»

«Na, dann laßt mal sehen!»

Da schlüpften die Teufel in die Ameise. Und der

hormiga. Y la cogió el herrero y la metió en el bolso. Como de allí no se podían salir – ni ella ni los diablos tampoco –, dice el herrero:

– Pues ahora no me dais ya más lata. Ahora os tengo a todos encerraos.

Las guerras se acabaron porque no había diablos; los escribanos no tenían qué comer: los jueces y los abogaos se morían de hambre.

Y cuando todos supieron que el herrero tenía a los diablos encerraos, luego querían matar al herrero a palos porque todos se morían de hambre.

Y en esto que el herrero tuvo un concierto con los diablos y les dijo:

– ¡Si no os volvéis a meter conmigo, os suelto! ¡Si no, quietos!...

– ¡Sí, sí! ¡Déjanos marchar! – contestaron los diablos –. Si nos dejas marchar, te dejamos libre y no nos volveremos a acordar de ti.

Se marcharon los diablos, y el herrero, se quedó en el mundo, con su perrito, Necesidaz.

Conque ya al herrero le llegó la hora de la muerte y fué a llamar a la puerta del cielo. Y estaba San Pedro a la puerta del cielo y le dijo:

– ¡Anda vete de aquí! ¿No te dije que pidieras el cielo? Ahora, ¡vete de aquí!

Entonces el herrero fué al purgatorio, y allí no le quisieron admitir tampoco. Y ya de allí se fué al infierno. Llamó a la puerta, y se asomó el diablo mayor, quien, al verle, gritó:

– ¡Cerrad, cerrad, que ése nos fastidia! ¡Ése es más diablo que nosotros!

Y el pobre herrero, que se llamaba Miseria, tuvo que volver al mundo con su perrito, Necesidaz. Y por ahí andará todavía por el mundo.

Schmied ergriff die Ameise und steckte sie in die Hosentasche. Und weil sie nun nicht mehr herauskonnten, weder die Ameise noch die Teufel, sagte der Schmied:

«So, nun habe ich meine Ruhe vor euch. Jetzt halte ich euch alle fest.»

Da war es zu Ende mit den Kriegen, denn es gab keine Teufel mehr. Die Amtsschreiber hatten nichts mehr zu essen, die Richter und Anwälte starben Hungers.

Als dann bekannt wurde, daß der Schmied die Teufel gefangen hielt, wollte man ihn totprügeln, denn alle verhungerten.

Da die Sache so stand, traf der Schmied eine Abmachung mit den Teufeln:

«Wenn ihr euch nicht wieder mit mir anlegt, gebe ich euch frei, sonst bleibt ihr!»

«Doch, doch! Laß uns los», antworteten die Teufel. «Wenn du uns losläßt, lassen wir dich in Ruhe und denken nicht mehr an dich.»

Die Teufel zogen davon, und der Schmied blieb auf der Welt mit seinem Hündchen Not.

Dann schlug dem Schmied seine Stunde. Da ging er an die Himmelspforte klopfen. Dort stand der Heilige Petrus, der sagte zu ihm:

«Los geh weg von hier! Habe ich dir nicht gesagt, du sollst dir die Seligkeit erbitten. Geh weg von hier!»

Darauf ging der Schmied zum Fegefeuer, doch dort wollte man ihn auch nicht einlassen. Von dort ging er in die Hölle. Als er ans Tor klopfte, schaute der Oberteufel heraus; kaum daß er ihn sah, schrie er:

«Macht zu, macht zu! Der bringt Verdruß! Der ist ein schlimmerer Teufel als wir!»

Und so mußte der arme Schmied – er hieß Elend – mit seinem Hündchen Not wieder auf die Welt zurück. Und da zieht er wohl noch immer umher.

Los dos hermanos

Die beiden Brüder

Éstos eran dos hermanos, el uno muy rico y el otro muy pobre. Y el pobre tenía muchos hijos y no tenía que darles pa comer. Y todos los días venía a pedirle al hermano pa comprarles pan a sus hijos pero el hermano no le socorría.

Y un día fué y les dijo a su mujer y a sus hijos: – Hoy me voy a ir por una cañada arriba y le voy a robar un buey a mi hermano pa comer.

Y así lo hizo. Fué y lo robó y allí mismo lo destrozó y lo hizo pedazos y se lo llevó pa su casa. Y cocieron unos cuantos trozos y los niños y la mujer comieron.

Y la suegra del hermano rico era bruja, y un día le dijo a su yerno: – Oye, me parece que tu hermano no ha venido ya más a pedir de comer. Seguramente te habrá robao algún buey y lo habrá matao pa comer.

Y el hermano rico no quería creerlo que la vieja bruja le decía. Y ella le dijo: – Bueno, pues pa ver si es verdá lo que digo llévame a la casa de tu hermano encerrada en un arca y yo veré si es verdá o no. Y le dijo el

Es waren zwei Brüder, davon war der eine sehr reich und der andere sehr arm. Der Arme hatte viele Kinder, aber nichts zu essen für sie. So ging er alle Tage zum Bruder betteln, um seinen Kindern Brot kaufen zu können. Doch der Bruder half ihm nicht.

So sprach er eines Tages zu seiner Frau und seinen Kindern: «Heute gehe ich den Hohlweg hinauf, und stehle meinem Bruder einen Ochsen. Den essen wir dann auf.»

Und das tat er. Er machte sich auf den Weg, stahl den Ochsen, zerlegte und zerteilte ihn in Stücke und nahm ihn mit nach Hause. Ein paar Teile kochten sie, und die Kinder und die Frau hatten zu essen.

Die Schwiegermutter des reichen Bruders war eine Hexe, und eines Tages sagte sie zu ihrem Schwiegersohn: «Hör mal, ich glaube, dein Bruder kommt nicht mehr und bittet um Essen. Bestimmt hat er dir einen Ochsen gestohlen und geschlachtet, um etwas zu essen zu haben.» Doch der reiche Bruder wollte nicht glauben, was ihm die alte Hexe sagte. Sie sprach zu ihm: «Na, gut, wenn du wissen willst, ob es wahr ist, was ich sage, so sperr mich doch in eine Truhe ein, und bring mich in das Haus deines Bruders. Ich will dann sehen, ob es stimmt

hermano rico al pobre que tenían que hacer la limpieza en la casa y no había sitio pa un arca que tenían y que la iban a llevar a su casa por unos días. Y dijo el pobre que estaba bueno.

Y metieron a la suegra en un arcón muy grande y le metieron pan y morcillas pa que comiera todo el día y cerraron bien y llevaron el arcón a la casa del hermano pobre. Bueno, pus que por la noche, como los pobres no tenían cama, acostaron a los niños encima del arcón a dormir. Y ai empezaron a hablar los hermanitos y uno dijo: – Oye, tú, estoy de carne que no me puedo mover. Y la vieja bruja de contenta, empezó a bailar como bailan los brujos en los arcones. Y los niños que oyeron ruido dentro del arcón se levantaron y se lo dijeron a sus padres. Y fué el padre y desenrajó el arcón y se encontraron a la vieja bruja que allí estaba comiendo morcillas. Y empezaron a meterle morcillas por la boca hasta que la hogaron*. Y entonces volvió el hombre a cerrar el arcón como estaba.

Y al día siguiente vinieron por el arcón. Y cuando lo llevaron a la casa del rico lo abrieron pa ver qué decía la suegra. Y la encontraron muerta y con la boca atracada de morcillas. Y el marido le dijo a su mujer: – Si tu madre era una bruja envidiosa y de envidiosa que es se ha hogao comiendo morcillas.

Mandaron enterrar a la suegra del rico. Y en la noche el hermano pobre fué y la desenterró y la puso de pie en la puerta de la casa de su hermano. Y ai la encontraron a la mañana siguiente y nadie quería enterrarla porque todos decían que era bruja. Y el rico dijo: – Bueno, pues no hay más

oder nicht.» Der reiche Bruder sagte zum armen, bei ihm zu Hause sei Großreinemachen, da sei kein Platz für eine Truhe, die sie hätten, und die wollten sie für ein paar Tage bei ihm unterstellen. Der Arme war damit einverstanden.

Sie steckten die Schwiegermutter in eine große Truhe, und gaben ihr Brot und Blutwurst, damit sie den ganzen Tag zu essen hätte, schlossen fest ab und schafften die Truhe ins Haus des armen Bruders. Abends aber, da die Armen kein Bett hatten, legten sie die Kinder auf die Truhe zum Schlafen. Da begannen die Geschwister zu sprechen, und der eine sagte: «Weißt du, ich habe mich so mit Fleisch vollgegessen, daß ich mich nicht bewegen kann». Da fing die alte Hexe vor Freude an zu tanzen, wie es die Hexen in Truhen zu tun pflegen. Die Kinder, die Lärm in der Truhe hörten, standen auf und erzählten es den Eltern. Da ging der Vater die Truhe aufsperren, und sie fanden die alte Hexe, wie sie gerade Blutwurst aß. Und sie stopften ihr solange Blutwurst in den Mund, bis sie daran erstickte. Dann verschloß der Mann die Truhe wieder, wie sie gewesen war.

Am nächsten Tag kamen sie und holten die Truhe ab. Als sie im Haus des Reichen angekommen war, öffnete man sie, um zu sehen, was die Schwiegermutter zu sagen habe. Man fand sie tot, den Mund mit Blutwurst vollgestopft. Da sprach der Mann zu seiner Frau: «Eine gierige Hexe war deine Mutter, und vor lauter Gier ist sie an der Blutwurst erstickt.»

Die Schwiegermutter des Reichen wurde begraben. Doch in der Nacht ging der arme Bruder hin und grub sie aus und stellte sie aufrecht an die Haustür seines Bruders. Dort fand man sie am nächsten Morgen, aber niemand wollte sie eingraben, denn jeder sagte, sie sei eine Hexe. Da sprach der Reiche: «Na gut, dann muß man eben

remedio que ir a llamar a mi hermano pobre. Como es tan pobre el la entierra si le pago. Yvino el pobre y le dijo que sí, que él la enterraba si le daba una buena cantidá de dinero y una buena yunta de bueyes. Y se los dió el rico y fué el pobre y la enterró.

Pero esa misma noche fué el pobre y la desenterró y la puso dentro del patio de la casa de su hermano. Y otro día cuando el hermano la encontró dijo: – Seguramente que era bruja. Sólo las brujas salen de las sepulturas. Y fué otra vez a ver a su hermano pobre a ver si la enterraba. Yel pobre le dijo: – Mira, que a mí no me gusta meterme con brujas, pero como soy pobre te haré el favor, pero me darás otra vez una cantidá de dinero y otra buena yunta de bueyes. Yel hermano se los dió. Fué otra vez y enterró a la vieja y todos quedaron contentos.

Y a media noche fué el pobre y volvió a desenterrar a la vieja por tercera vez. Yesta vez fué y la puso en la sala de la casa del rico. Yotro día cuando se levantó su hermano salió huyendo de la casa. Y llegó ande estaba el pobre y le dijo: – Hermano, me vas a hacer el favor de enterrar otra vez a esa bruja. Se ha salido otra vez de la sepultura y ha ido a dormir en mi sala. Yel pobre le dijo que ya no quería más meterse con brujas. Pero tanto estuvo porfiando el otro que consintió en ir a enterrarla otra vez si le daba todos los bueyes y todo el dinero que tenía el rico. Y fué el pobre y la volvió a enterrar. Yel rico quedó pobre y el pobre quedó rico.

meinen armen Bruder holen. Der ist so arm, der begräbt sie schon, wenn ich ihn dafür bezahle.» Der Arme kam und sagte, er sei einverstanden, wenn er einen schönen Batzen Geld und ein gutes Gespann Ochsen dafür bekäme. Der Reiche gab ihm das, darauf begrub sie der Arme.

Doch in derselben Nacht ging der Arme hin und grub sie wieder aus und legte sie dem Bruder in den Hof seines Hauses. Als der Bruder sie am nächsten Tag fand, sagte er: «Bestimmt war sie eine Hexe. Nur Hexen kommen aus den Gräbern heraus.» Wieder ging er zu seinem Bruder, um zu sehen, ob der sie eingraben wollte. Der Arme sagte zu ihm: »Nun, ich lege mich nicht gerne mit Hexen an, doch weil ich arm bin, tue ich dir den Gefallen. Aber du mußt mir nochmals einen Batzen Geld und noch ein gutes Gespann Ochsen geben.» Der Bruder gab es ihm. Wieder ging er hin und grub die Alte ein. Da waren alle zufrieden.

Um Mitternacht grub der Arme die Alte zum dritten Male aus. Diesmal legte er sie dem Reichen ins Wohnzimmer. Als sein Bruder am nächsten Morgen aufstand, flüchtete er aus dem Haus. Und kam bei dem Armen angelaufen, und sagte zu ihm: «Bruder, du tust mir doch den Gefallen, und gräbst diese Hexe wieder ein. Wieder ist sie aus dem Grab gestiegen, und ist zu mir ins Wohnzimmer schlafen gekommen.» Der Arme sagte ihm, er wolle sich nicht mehr mit Hexen anlegen. Doch so sehr drängte ihn der andere, daß er schließlich einwilligte, sie wieder zu begraben, wenn der Reiche ihm alle seine Ochsen und sein ganzes Geld gäbe. Da ging der Arme hin und grub sie wieder ein. So war der Reiche arm, und der Arme reich geworden.

El lobo, la chona y la zorra

Der Wolf, das Schwein und der Fuchs

Una buena mujer tenía cerdos y los echó al monte un día para que se alimentaran. Y vino el lobo y le dice a la chona que tenía hambre y se quería comer un chon pequeño. Y entonces la chona madre le dijo que no podía ser porque no estaba bautizado. Y el lobo dijo: – Yo no sé bautizar.

Y la chona le dijo: – Yo te enseñaré. Mira, coge un poco de agua y yo te diré lo que has de hacer. Entonces la chona le empujó con el hocico y le tiró en el río. Se fué la chona con sus choncitos y el lobo se quedó llorando, diciendo al salir que la chona le había engañado.

Siguió el lobo más arriba y se encontró con una zorra y dos zorrucos y la dijo: – Me ha engañado la chona y me ha tirado al agua, y yo tengo ahora mucha hambre. Déjame comer un zorruco.

Y dijo la zorra: – ¡Ay, tan guapucos como son! ¿Te gusta el queso, lobo? Y le llevó a un pozo donde se veía la luna en el agua y le dijo:
 – Mira, aquí hay queso. Mira te bebes el agua
 del pozo y cuando llegues al fondo te comes

Eine Frau hatte Schweine, und eines Tages jagte sie sie auf die Felder, damit sie sich dort vollfräßen. Da kam der Wolf, und sagt zur Sau, daß er Hunger habe und ein Ferkel fressen wolle. Da sagte das Mutterschwein, das sei nicht möglich, denn das Kleine sei noch nicht getauft. Da antwortete der Wolf: «Ich kann nicht taufen.» Und das Schwein sagte darauf: «Ich werde dir's zeigen. Also: du holst ein wenig Wasser, und ich sage dir, was du tun mußt.» Dann schob sie ihn mit dem Rüssel vorwärts und stieß ihn in den Fluß. Das Schwein lief mit den Ferkeln weg, und der Wolf blieb heulend zurück und beklagte sich, als er heraus stieg, daß das Schwein ihn hereingelegt habe.

Der Wolf setzte seinen Weg flußaufwärts fort und stieß auf eine Füchsin mit zwei Füchslein und sprach zu ihr: «Das Schwein hat mich hereingelegt und mich ins Wasser gestoßen, und jetzt habe ich großen Hunger. Laß mich ein Füchslein fressen.» Da sagte die Füchsin: «Ach, wo sie doch so hübsch sind! Magst du gern Käse, Wolf?» Sie führte ihn zu einem Brunnen, in dem sich der Mond im Wasser spiegelte, und sagte zu ihm: «Also: hier gibt es Käse. Also: du trinkst das Wasser aus dem Brunnen, und wenn du zum Grund kommst, frißt du den ganzen

todo el queso. Se puso el lobo a beber agua, y entretanto la zorra se escapó con sus zorrucos. Por fin el lobo bien harto de beber agua vió que estaba solo y dijo: – Esa zorra me ha engañado como la chona.

Se fué el lobo llorando y se encontró a unas yeguas que se ponían en corro cuando vieron venir al lobo para defender a sus potrucos. El lobo llegó y las dijo a las yeguas que tenía mucha hambre, que le dejaran comer una cría. Una de las yeguas le dijo que si quería comer un potruco que la sacara primero una espina que tenía en una pata. Al ponerse el lobo a sacarla la espina le dió la yegua una terrible patada, acabando la obra las otras yeguas, que dejaron al lobo medio muerto.

Salió el lobo rodando por el monte abajo y llegó a la carretera donde encontró a un arriero con dos mulas y le dijo que ya que todos le habían engañado pensaba comerse una de las mulas. El arriero le preguntó al lobo que si quien le llevaría el carro si le comía la mula. Y le preguntó si le gustaba el tocino y el pan. El lobo dijo que sí y el arriero le dió tocino y pan para que comiera, y cuando estaba comiendo el arriero echó a correr con sus mulas. El lobo muy entretenido se comió primero el pan y después se puso a comer el tocino. Pero el tocino estaba sellado y no se lo pudo comer. Y se quedó llorando muerto de hambre, diciendo que el arriero también le había engañado.

Anduvo otro poco y se encontró con dos carneros a quienes les contó todo lo que le había sucedido, y les dijo que se iba a comer uno de

Käse auf.» Der Wolf machte sich ans Trinken, und inzwischen lief die Füchsin mit ihren Füchslein davon. Als der Wolf es satt hatte, Wasser zu trinken, merkte er, daß er allein war, und sagte sich: «Diese Füchsin hat mich genauso hereingelegt wie das Schwein.»

Heulend ging der Wolf davon. Dann begegnete er ein paar Stuten; als die den Wolf kommen sahen, bildeten sie einen Kreis, um ihre Fohlen zu schützen. Der Wolf kam heran und sagte zu den Stuten, daß er großen Hunger habe und daß sie ihn ein Fohlen fressen lassen sollten. Eine der Stuten sagte ihm, daß er, wenn er ein Fohlen fressen wolle, ihr zuerst einen Dorn aus dem Fuß ziehen müsse. Als der Wolf sich daran machte, ihr den Dorn herauszuziehen, versetzte die Stute ihm einen furchtbaren Huftritt, und die anderen Stuten setzten das Werk fort, so daß sie den Wolf halbtot zurückließen.

Bergab rollte der Wolf bis auf eine Straße, wo er mit einen Fuhrmann mit zwei Maultieren zusammentraf; dem erklärte er, daß er, nachdem ihn schon alle hereingelegt hätten, eines der Maultiere auffressen wolle. Der Fuhrmann fragte den Wolf, wer ihm denn den Wagen ziehen solle, wenn er das Maultier aufgefressen habe. Und er fragte ihn, ob er gerne Schinken und Brot wolle. Das bejahte der Wolf, und da gab ihm der Fuhrmann Schinken und Brot, damit er das auffresse; während der Wolf so fraß, machte sich der Fuhrmann mit den Maultieren eilends auf und davon. Der Wolf, ganz hingegeben, fraß zuerst das Brot auf, und dann machte er sich an den Schinken. Aber dieser war verpackt, und so konnte er ihn nicht fressen. Und heulend und halbtot vor Hunger klagte er, daß auch der Fuhrmann ihn hereingelegt habe.

Er ging eine kleine Weile, da begegnete er zwei Hammeln; denen erzählte er, wie es ihm ergangen war, und er sagte, daß er einen von ihnen auffressen wolle. Sie waren

ellos. Dijeron ellos que estaba bien, pero que antes debía ventilar que parte les correspondía a cada uno de ellos en un prado que iban a pastar, y que para ello se pusiera él en medio de los dos carneros. Así lo hizo el lobo y los carneros uno por delante y otro por atrás le dieron de cornadas, dejándole casi muerto.

Estaba nevando y cuando se encontró mejor tropezó el lobo con un rebaño de cabras a quienes contó como todos le habían engañado y que tenía que comer una de ellas. Las cabras le dijeron que sí, que estaba bien, pero que fuera con ellas a misa y la cantara. Había por allí un hoyo y allí le dijeron las cabras que era la iglesia y que allí se pusiera a cantar y que ellas rezarían desde afuera. Empezó el lobo a ahullar y las cabras a berrar, y al oír ruidos llegaron los vecinos y le mataron por fin.

damit einverstanden, doch zuvor müsse entschieden werden, welcher Teil einer Wiese, auf der sie weiden wollten, jedem von ihnen zukomme. Darum solle er sich zwischen die beiden Hammel stellen. Das tat der Wolf, und die Hammel, einer von vorne, und der andere von hinten, stießen ihn so fest mit ihren Hörnern, daß er beinahe tot liegen blieb.

Es fiel Schnee, und als es dem Wolf besser ging, traf er auf eine Herde Ziegen; denen erklärte er, wie ihn alle hereingelegt hätten, und daß er eine von ihnen auffressen müsse. Die Ziegen stimmten zu, sie seien damit einverstanden, doch sollte er zuerst noch mit ihnen zur Messe kommen und dabei mitsingen. Es gab da ein Loch, und die Ziegen sagten ihm, daß das die Kirche sei, und er dort singen solle, während sie draußen beten wollten. Der Wolf begann zu heulen, die Ziegen zu blöken, und als die Nachbarn den Lärm hörten, kamen sie herbei und schlugen ihn endlich tot.

Bericht des Übersetzers

Die hier vorgelegten Märchen sind eine sehr kleine Auswahl aus den Sammlungen von Vater und Sohn Espinosa. Diese Bücher, 1923–26 bzw. 1946 veröffentlicht, sind als die ersten wissenschaftlich treuen Sammlungen spanischer Märchen anzusehen. Zwar gab es schon lange davor Interesse an Märchen in Spanien, doch es galt als beste Tradition, Volksmärchen zu bearbeiten, um so, wie man meinte, ihren literarischen Wert zu erhöhen. Dies war der Fall bei der Sammlung von Fernan Caballero (1859) und der von Antonio de Trueba (1875). Sind diese Sammlungen auch von geringem Wert für den Volkskundler, so kommt ihnen doch das Verdienst zu, die Märchenforschung in Spanien angeregt zu haben. Authentischer sind die Sammlungen von Hernandez de Sotos (1886) und die elfbändige Märchen-Reihe (1883–86) von Machado y Alvarez.

Aurelio M. Espinosa (padre) (1880–1958), Nachfahre von Spaniern, die vor mehreren Generationen in die USA ausgewandert waren, war Professor der Romanistik an der University of Stanford. Er hatte sich mit der Volksliteratur Neu-Mexikos beschäftigt und war zu dem Schluß gekommen, daß diese sehr von der spanischen beeinflußt sein mußte. Die Arbeitsbedingungen in den USA waren günstig: die «American Folk-Lore Society» und der Anthropologe und Linguist Franz Boas hatten die Forschung vorangetrieben. Boas beschäftigte sich besonders mit den Traditionen verschiedener Indianerstämme und suchte darin spanische Einflüsse zu entdecken. J. Alden Mason und Paul Radin arbeiteten in dieser Richtung weiter; sie untersuchten die Volksliteratur von Puerto Rico und Mexiko. Es lag also nahe, nach unverfälschtem Material in Spanien zu suchen, um dort im Mutterland die eigentlichen Quellen zu finden. Die Folk-Lore Society beauftragte Espinosa, eine ausgedehnte Forschungsreise nach Spanien zu unternehmen. Der Linguist und Kenner der spanischen Dialekte, Ramón Menéndez Pidal (1869–1969) hatte ihm eine Landkarte vorbereitet, in der die Gegenden mit noch sehr lebendiger Volksliteratur eingetragen waren. So konnte Espinosa in seiner Sammelarbeit gezielt vorgeben und innerhalb von fünf Monaten eine Sammlung von etwa dreihundert Märchen erstellen. Er sammelte besonders in den Provinzen Santander, Burgos, Palencia, Valladolid, Soria, León, Zamora, Segovia, Avila, Cuenca, Granada, Sevilla, Cordova, Ciudad Real, Toledo, Madrid und Zaragoza.

Espinosa stellte fest, daß die mündliche Erzähltradition noch sehr lebendig war. Das einzige, worüber er zu klagen hatte, war, daß er «nur fünf Monate statt fünf Jahre lang» Märchen sammeln konnte. Aus seiner Sammlung veröffentlichte er in den Jahren 1923–26 in drei Bänden 280 Märchen. Diese Edition gilt noch heute als Standardwerk und hat die nachfolgende Forschung entscheidend beeinflußt.

Sein gleichnamiger Sohn A. M. Espinosa (hijo) hat im Frühjahr und Sommer 1936 Märchen aufgezeichnet, also bis unmittelbar zum Beginn des spanischen Bürgerkriegs. Die 72 veröffentlichten sind eine Auswahl aus über 500 gesammelten Märchen. Espinosa (hijo) konzentrierte seine Arbeit auf das nördliche Zentrum Spaniens und sammelte in den Provinzen Palencia, Burgos, Segovia und Valladolid. Das entspricht also fast ganz Altkastilien. Seine restlichen Märchen sind leider bis heute noch nicht veröffentlicht worden.

Beide Sammler haben die Märchen so aufgezeichnet, wie sie ihnen vorgetragen wurden, d. h. sie haben versucht, die Aussprache des Erzählers wiederzugeben, allerdings ohne dabei neue Zeichen in das traditionelle Alphabet einzuführen oder eine phonetische Umschrift zu gebrauchen. Dialektismen, Wortverstümmelungen, Silben- und Wortvertauschungen wurden so genau wie möglich wiedergegeben. Die Syntax blieb unverändert.

Wir haben uns für die beiden Espinosa-Sammlungen auf Grund ihrer sprachlichen Authentizität entschieden: Hier handelt es sich nicht um literarische Erzählungen nach oder mit Märchenmotiven, sondern um wirkliche Volksmärchen, die philologisch treu den Worten der Erzähler folgen. Man hat es also mit tatsächlich gesprochener Sprache zu tun. Dies wird besonders in der Syntax deutlich. Es sind authentische Volksmärchen und als solche klingen sie oft trocken, hölzern, sind voller Wiederholungen, die Sprache ist einfach und scheint geradezu unbeholfen. Doch so wurde einmal erzählt. Das ist eben die ungezwungene und letztlich natürliche, von Generation zu Generation weitergegebene Art des Erzählens, die hier «vom Mund des Volkes» direkt auf das Papier übertragen ist.

Gerade die so oft als echte Volksmärchen bezeichneten «Kinder- und Hausmärchen» der Brüder Grimm sind das eben nicht immer. Wie Heinz Rölleke im Nachwort seiner Edition der 2. Ausgabe von 1819 (nicht identisch mit der Ausgabe letzter Hand von 1857, welche die heute allgemein verbreitete ist) nachweisen kann, sind diese das Ergebnis eines kontinuierlichen, in manchen Fällen über vierzigjährigen sprachlichen Feilens und Überarbeitens, gewiß mit Einfühlungsvermögen und großem stilistischen Geschick ausgeführt. Doch da wurde manches dem Zeitgeist des Biedermeier angepaßt, verniedlicht, Derbes und erotische Anklänge wurden vertuscht, und überhaupt wird sehr viel moralisiert. So entstand der berühmte Grimmsche Märchenton. Damit sei der Leistung der Brüder Grimm kein Abbruch getan, es soll nur der Unterschied zu diesen spanischen Volksmärchen angedeutet werden.

Der Übersetzer war in einer anderen Situation als der wissenschaftliche Sammler. Hätte er jedes umgangssprachliche oder mundartliche Detail, jedes satzeinleitende «Und», jedes unbesorgt wiederholte Substantiv oder Verbum genau nachgeahmt, so wäre etwas nur mechanisch – also nur scheinbar – Authentisches entstanden, und ein glaubwürdiger deutscher Märchenerzähl-Sprechton wäre nicht einmal anzudeuten gewesen. Darum ist er in dieser Hinsicht (wie auch mit der Wortstellung) frei verfahren.

In einigen Fällen hat er auch Änderungen im spanischen Text vorgenommen: Einige rein lokale Wortformen wurden normalisiert; einigemale wurde, um ein Mißverständnis zu vermeiden, ein erklärender Satz in eckiger Klammer oder statt eines bloßen Pronomens ein Nomen eingefügt; und dreimal wurden erzählerische Weitschweifigkeiten gestrichen. Diese Eingriffe sind in dem Abschnitt «Zum Text» nachgewiesen.

Von angeblich so typisch deutschen Märchen wie dem Froschkönig, dem Tapferen Schneiderlein, besonders dem Schneewittchen und Aschenputtel gibt es mehrere spanische und auch katalanische Versionen. In Katalonien heißt das Aschenputtel Ventafocs, doch ist dies nur der am weitesten verbreitete von dreizehn Namen, die der Volkskundler Joan Amades nennt und die sich fast alle auf die schmutzige Kleidung des Mädchens beziehen.

Wenn wir darauf verzichtet haben, eine der zahlreichen spanischen Varianten aufzunehmen, so gewiß nicht aus qualitativen Gründen, sondern um relativ unbekannten und originellen Motiven auf so beschränktem Raum den Vorzug zu geben.

Neben den Zaubermärchen haben wir besonders Märchen mit schwankhaften Motiven ausgewählt. Wenn auch dieser Typus durchaus nicht auf Spanien beschränkt ist, so ist er doch der Gattung des pikaresken Romans (des sog. Schelmenromans) stark verwandt, welcher in Spanien hauptsächlich im 16. und 17. Jh. weltliterarische Bedeutung erlangt und seither die gesamte europäische Literatur beeinflußt hat.

Der Titel unserer Sammlung bedarf noch einer kurzen Erklärung: Das Wort «spanisch» versteht sich hier als «spanischsprachig» (= kastilisch) in seiner linguistischen Bedeutung. Andere Sprachen (nicht Dialekte!), die innerhalb der politischen Einheit Spanien gesprochen werden, wie das Galizische und das Katalanische oder das nicht romanische Baskisch, sind hier bewußt nicht berücksichtigt worden. Die Texte entstammen jedoch verschiedenen Dialektvarianten des Kastilischen.

Im folgenden wird auf einige typische sprachliche Eigenheiten aufmerksam gemacht, die wir im Text beibehalten haben (sog. Vulgarismen).

Intervokalisches, d. h. zwischen zwei Vokalen stehendes d wird häufig nicht artikuliert, besonders in der Partizip-Perfekt-Endung -ado:
encontrao *statt* encontrado; dao *statt* dado; matao *statt* matado; toa *statt* toda.

Oft verschwindet ein d im Auslaut oder es wird verändert:
cantidá *statt* cantidad; ustez *statt* usted; necesidaz *statt* necesidad.

Vor Diphtongen, die mit u beginnen, findet sich häufig g oder b:
güeno *statt* bueno; bueso *statt* hueso; güevo *statt* huevo; agüela *statt* abuela.

Oft werden Phoneme gegeneinander verschoben (Metathese):
cuerpoespin *statt* puercoespin; naide *statt* nadie.

Häufig sind auch morphologische Verzerrungen:
pa *statt* para; alante *statt* adelante; pal *statt* para el; nadien *statt* nadie; pos, pus *statt* pues; ai *statt* allí; dir *statt* de ir; pué *statt* puede.

Syntaktische Verzerrungen sind in Konditionalsätzen sehr häufig:
si yo estaría en tu lugar *statt* si yo estuviera ...

Häufig ist überflüssiger Gebrauch von Präpositionen:
montar de a caballo *statt* montar a caballo; unas cuantas de monas *statt* unas cuantas monas; muy de temprano *statt* muy temprano.

Häufig wird der Kasus verwechselt, z. B. statt des Dativpronomens das Akkusativpronomen verwandt:
él la dijo *statt* él le dijo; la hacía falta la lumbre *statt* le hacía falta ...; la dará *statt* le dará; limpiarla la cabeza *statt* limpiarle ...
oder: le hallarás *statt* lo hallarás
und in der Verbindung se lo:
envuelvesele *statt* envuélveselo; dásele *statt* dáselo.

In den folgenden Fällen hat der Herausgeber in die Textgestalt des Originals eingegriffen:

El Conde Abel y la princesa. Die unübliche Akzentuierung bei «méndigo» wurde der Sprechnorm angepaßt, also: «mendigo» (Betonung auf der zweiten, nicht auf der ersten Silbe). – Gestrichen wurde ein kurzer Absatz, der offensichtlich nichts mit dem Märchen zu tun hat und wohl als ein Einsprengsel aus einer anderen Geschichte anzusehen ist.

El palacio del Jarancón. Intervokalisches g verschwindet: «aujero» statt «agujero». Im Text haben wir der korrekten Form den Vorzug gegeben. «pué» statt «puede», «ande» statt «adonde», «vía» statt «veía» wurden belassen; dagegen «trajieron» zu «trajeron» normalisiert. – Gestrichen wurde ein redundanter Nebensatz (... ya no quiso volver a casa de su madrastra y...), der gleich darauf wiederholt wird. In der Übertragung wurde der dritte Teil der dreimaligen Frage und Antwort von Mädchen und Adler gestrichen und die Einteilung in Absätze geändert.

La gaita que hacía a todas bailar. Die Form «güevo» statt «huevo» wurde beibehalten. Der Klarheit halber wurde einmal «... aus dem Korb ...» in die Übersetzung eingefügt. «crer» zu «creer» normalisiert. Dialektales «escomenzar» statt «comenzar» wurde beibehalten.

La mona encantada. Der redundante Gebrauch von Präpositionen wurde im Text beibehalten: also «muy de temprano», «montando de a caballo». Die Form «dispués» zu «después» normalisiert.

El castillo de Oropé. Die Form «hardacho» statt «ardacho» ist beibehalten worden. Sie erklärt sich als Augment zu «arda». Die aspirierte Form «harda» findet sich in älteren Texten und heute noch in verschiedenen Dialekten.

El diablo maestro. Die Form «dijon» wurde korrigiert zu «dijeron»; «agüela» und «güena» statt «abuela» und «buena»,«urnia» statt «urna» und «contimás» (Kontraktion von «cuanto más») wurden belassen.

La princesa encantada. Die Form «estama» wurde zu «estaba» normalisiert. – Obwohl der Erzähler erwähnt, der Ritter treffe auf drei Tiere, zählt er nachfolgend vier auf: neben den drei erwähnten noch einen Windhund. Da die viermalige stereotype Verfolgung auf dem Papier ermüdet – Intonation, Mimik und Gestik des Erzählers fehlen –, haben wir die Episode mit dem Windhund gestrichen.

El herrero y la muerte. Die Form «esbaratar» wurde zu «desbaratar» normalisiert, ebenso wie «cerrai» zu «cerrad», «cojei» zu «cojed» und das Personalpronomen «vos» zu «os». Der Satz «. . . que se llamaba Miseria», wohl die Pointe, wurde an den Schluß verschoben.

Los dos hermanos. «crer» wurde zu «creer» normalisiert, «hogaron» statt «ahogaron» belassen.

Literaturhinweise

Quellenwerke für die vorliegende Auswahl:

Aurelio M. Espinosa (padre): Cuentos populares españoles, I–III Stanford University, 1923–1926 [im folgenden CPE]

Aurelio M. Espinosa (hijo): Cuentos populares de Castilla, Buenos Aires, 1946 [im folgenden CPDC]

Im folgenden ist notiert, welchem dieser beiden Werke die einzelnen Märchen entnommen sind, ferner der Ort und die Provinz ihrer Herkunft:

El Conde Abel y la princesa, CPE Nr. 179, aus Santa Catalina, Astorga, Provinz León

El palacio del Jarancón, CPE Nr. 114, aus Villahoz, Provinz Burgos

La gaita que hacía a todas bailar, CPE Nr. 153, aus Nódalo, Provinz Soria

La mona encantada, CPDC Nr. 46, aus Tordesillas, Provinz Valladolid

El castillo de Oropé, CPE Nr. 128, aus Soria, Provinz Soria

El diablo maestro, CPE Nr. 104, aus Zamora, Provinz Zamora

La princesa encantada, CPE Nr. 141, aus Valladolid, Provinz Valladolid

El herrero y la muerte, CPDC Nr. 45, aus Arbejal, Provinz Palencia

Los dos hermanos, CPE Nr. 176, aus San Pedro Alcántara, Provinz Málaga

El lobo, la chona y la zorra, CPE Nr. 201, aus Villacarriendo, Provinz Santander